天下文化
BELIEVE IN READING

閱讀的力量【增訂版】

改變生命的旅程

吳錦勳、李康莉、李桂芬、李俊明、林宜諄、彭蕙仙、謝其濬——採訪撰寫

十二種閱讀樣貌，淘選出上百本經典
匯聚成磅礴的智慧之泉

目錄

序

人生的旅程：從「愛書如命」到「終身學習」

——遠見・天下文化事業群創辦人 高希均

多年前，當一週上班時間減成五天時，大家關心的似乎都集中在如何「休閒」。令人驚訝的是，討論中的「休閒」，幾乎都指自己或與家人一起外出：爬山、釣魚、駕車、去餐廳、看電影、逛百貨公司……。這種情形，到了現在更是普遍。

這些當然是小康社會中的一些休閒方式，我很高興看到。但是，我要提醒年輕人，尤其正在開創事業的朋友：如果能把學習也看成一種休閒，或者寓休閒於學習之中，自己會一生受用不盡。

我生長在抗日戰亂中的大陸、十三歲來到仍然貧窮落後的台灣，二十三歲踏上富裕開放的美國。即使在戰亂中，雙親使子女們的讀書從未中斷；其後我自己更是一生投身於教育。

我清晰記得高中在台北商職讀書，學校圖書館是我最常去的地方。也常去衡陽路的書店，分幾天站著看完一本好書，這是我成長過程中重要的三年。一九五九年，獲得助教獎學金前往美國，成為一生學習的轉捩點。

在美國，當我看見西方社會是如何整體的重視終身閱讀，自己閱讀、家庭閱讀、社區閱讀，國會議員也閱讀，媒體人也閱讀，有錢人也閱讀，當兩個孩子高中畢業時，美國友人送的禮物不是字典，就是書。

美國社會的普遍讀書，立刻加深了自覺：只有認真讀書，也要大量閱讀非專業的書，才能把自己提升為具有競爭力，增加自己的公民素養；也唯有這樣，才會不落伍，也才能貢獻社會。

後來投入文化出版，提倡書香社會，從讀書人、教書人、選書人，到出版人。閱讀與學習，變成了我終身推動的志業。

面對當今滑手機時代，出現了資訊超載帶來的雜亂，許多人失去了注意力的焦距，把有限的時間誤用。當我們不可能讀遍一個領域相關的書，就只能把自己的注意力集中在一流的書上。

什麼是一流書？一流書應該有下面的特色：

1. 傳播現代知識。
2. 具有創意並激發創意。
3. 故事感人且具啟發性。
4. 有實用價值。
5. 提倡人與自然的和諧共存。
6. 記錄人類的傑出成就。
7. 探索人類的心靈世界。
8. 提倡人間的長情與大愛。

在這不確定的年代中，只有一項是確定的：那就是從學習中增進知識的重要。誰擁有最新的知識，誰就能擁有未來。

要不斷吸收新知，就必須做一個終身學習者。因此，我要提醒所有讀者：人生的終點不是死亡，而是終身學習的中斷；人生的起點，不是誕生，而是要從「愛書如命」的那一刻算起。

這樣的人生旅程一定充滿希望。

發現謙卑的力量

信仰者

國立清華大學孫運璿榮譽講座教授
李家同

文——李康莉　照片提供——李家同

許多人認識李家同，是因為近年來發表公共事務評論「建言者」的形象，也有許多人是因為他早期的作品。八〇年代在報紙上連載「讓高牆倒下吧」系列文章，在副刊引起熱烈迴響，沒有任何艱深的詞彙、強烈鮮明的寓言風格、為底層人物發聲，連平常不看書的人都喜歡閱讀。

爾後他歷任多所大學校長，推動閱讀教育，把經典作品介紹給弱勢學童，培養從閱讀中學思考的實力，也完全符合他作品中的社會關懷。

這種強烈的人道情懷，與化為行動的實踐力，與他童年的閱讀經驗有關。

在文學想像中成長

李家同生長在上海，父親是經濟學家，從小鼓勵他大量閱讀。小學四年級的時候，日本人離開、國共開打，李家同所居住的上海湧入百萬難民，且都淪為乞丐。看到滿街乞討的景象、這段與貧窮貼身的觀察，開啟了他心中的好奇。

上課的時候，老師問大家到國家為何要受戰亂之苦？喜歡閱讀課外書的同學們互相討論，老師還引用《三國演義》中「合久必分、分久必合」的理論，解釋國共關係。雖然大家還不懂政治，但都聽得津津有味，事後回想，這位教學大膽的老師，開啟他從閱讀中獨立思考的基礎。

事實上，李家同從小就喜歡浸淫在文學作品的想像世界裡。放學後，他看武俠小說與偵探小說，其中有風靡三〇年代海內外的小說家還珠樓主的長篇奇幻小說《蜀山劍俠傳》。

他也愛看《三國演義》和《水滸傳》。看完某章節，兄弟三人經常玩心大起，扮演起書中角色。李家同排行老二、學關公耍大刀，買了大刀回來，三人在家扭打成一團。當時抗戰才結束，物資非常缺乏，大刀是劣質木頭做的，媽媽回來後連連責備並處罰，才打一下，大刀就裂成兩半。

至於《水滸傳》，李家同印象最深的是武松景陽崗打虎，因為住在熙攘的城裡，李家同對鄉間充滿好奇，如果遇到家裡有人從鄉下來，他就偷偷問：「有沒有遇見老虎？」如果對方回答沒有他就很失望，因為他想像的鄉下，一直是可以遇見老虎的鄉下。

因為童年的生活經驗，李家同一生都喜歡閱讀文學作品。

國一來台定居，住在台北，就讀師大附中。開放的校園風氣中，李家同在木麻黃夾道的美麗校園中讀書。

李家同曾經閱讀黃春明的小說《兒子的大玩偶》，看到書中的爸爸為了討生活背起廣告牌、扮演小丑，每天唯一的安慰就是逗孩子笑，失業之後脫下小丑服，孩子竟然不認得他了。他深深感受到這是一部哀傷的作品。

透過這部作品，李家同理解到台灣從農業過渡到工業社會，小人物在當中掙扎的面貌。小說細膩的情感描寫，培養了他對人的同理心；透過生動的情節，也體會到不同的生活環境如何造就不同的生存經驗。

從經典對照社會現實

除了感性地印證生命，李家同會從故事情節中理性地思索、對照社會現實。

電機系畢業之後，他赴美深造、擔任研究工作，然後返台從事教職。他一邊寫結構嚴謹的科學論文，一邊閱讀經典文學作品，其中有許多與戰爭、民族命運有關的主題。

他一生讀過的經典作品超過一百本，《蒼蠅王》是他非常喜歡的一本小說。書的內容描述一群聖詩班的孩子，因為發生空難，落難在一座島上，原本相互合作，後來卻為了爭奪資源、相互猜忌，最後各立領袖、互相殘殺。他發現這本好看卻也殘忍的小說，生動地描述了人性本惡。雖說是一個世紀以前的作品，其中描寫的人性貪婪、奪取、爭權與操控，卻能跨

因為童年的生活經驗，李家同一生都喜歡閱讀文學作品。

時空地與現況貼合。

「小朋友看《蒼蠅王》，可以當成好看的寓言。青少年可以思考故事的內容，對照歷史事件，發現歷史上層出不窮的問題根源。」

從故事情節發展的隱含寓意，反思人性與現實，也是李家同的閱讀習慣之一。

李家同認為閱讀可以訓練理性思考，因此他不僅享受閱讀《蒼蠅王》的過程，也藉由這類小說提出疑問：「一個好好的團體為什麼這麼容易變壞？」仔細推敲，這不只出現在與文明隔絕的孤島之上，只要是良知喪失與道德敗壞，即使現實生活中，也會眼睜睜地看到很多原本有理想的團體，到頭來敗壞而淪落了。「政黨與派系，都為了彼此的利益互相爭鬥，很典型地反映這部經典小說的內容。現實生活中，不是天天在上演《蒼蠅王》嗎？」

因此，他也對年輕人循循善誘：「檯面上領袖人物所說的話，一定要謹慎以對，萬萬不可在沒有思考的情況下隨之起舞，否則就會像年紀小的孩子一樣，跟著大孩子張狂，這不是用無知兩字或把錯誤推給別人，就可以交代過去的。必須要對自己的行為和良心負責。」

從事教育的李家同，透過這些經過時光淘選的經典作品，啟發學生的公民思維，運用理性的態度參與公共事務。

藉偵探小說培養邏輯能力

李家同擔任榮譽教授的清大校園，綠油油的草坪上時而可見一顆顆可愛的松果。坐在綠蔭下談天、躺在面對湖水的長椅上享受陽光，以及騎著單車的學生身影，都讓人感受到年輕生命的活力。

因為對教育和公共事務的深刻見解，經常有各方人士來清大採訪李家同，有些問題常讓他覺得缺乏邏輯而無法回答。

這時他會直率地反問，此舉雖讓來者啞口無言，卻也心服口服。不過，他並非故意讓人難堪，而是要挑戰現代人積非成是、習於片面吸收資訊，不經消化過濾就脫口而出的因循習慣。他要挑戰的，是人腦中的懶散思維。

他所展現如偵探般的語言洞察力，也許與他喜愛讀偵探小說有關。李家同非常喜歡讀偵探小說，還曾經加入國外推理小說俱樂部會員，最喜歡的作家包括克莉絲蒂與柯南・道爾。他認為偵探小說帶來解謎的樂趣，也可以培養邏輯思考能力。

從小學五年級開始，他就閱讀范・達因《主教謀殺案》，且一生中一再重複閱讀。相較現代的推理小說以科技方法破案、融入現代社會情境，李家同對偵探小說的挑選標準在於構思的巧妙。「邏輯嚴謹、布局精密，展現作者苦心構思與寫作難度的作品才值得一讀，」他說。

因此縈繞李家同心頭的，有許多密室殺人、不在場證明這類的題材。「反觀許多小說，一開始聲勢浩大，比如有好萊塢電影的行銷話題，但情節的鋪陳草率、漏洞百出或虎頭蛇尾、沒有合理的結尾」，這樣的小說無論多麼暢銷，都會被李家同列入拒絕往來戶。幾經篩選下來，書架上留下來以及推薦出去的，都是可反覆檢視、經典中的經典。

他最喜歡的一本是克莉絲蒂的《一個都不留》。「這本小說相當難寫，發生案件的島上，一個人都沒有留下來，都死光了，這必須在邏輯上合情合理、讓讀者心服口服。這部作品中，沒有一般偵探小說一定會有的神探，可說是打破了偵探小說的陳規，因此相當具有獨創性，也被認為是世界上最難寫的偵探小說。」

無論從事研究、生涯的高低、推動公益，或漸漸感到年紀的負荷，偵探小說一直是李家同最好的陪伴。

他不但不曾因知道結局失去重複閱讀的樂趣，反而在每次閱讀的過程中，感受作者埋線的精巧，也發現之前未見的伏筆。

長期看偵探小說所鍛鍊的洞察力，檢驗小說邏輯與架構的原理，也可以運用到各種社會事件的觀察與評論。

如今在李家同創辦的「博幼基金會」所推動偏遠地區的學童教育中，都讓孩子們大量閱讀偵探小說，因為偵探小說「最有趣」，老少咸宜，尤其是短篇的偵探小說，非常適合年紀小的孩子閱讀。

信仰的深河

閱讀，有時帶來的是一種反省的力量。

校園中有個相思湖，成群的白鵝像閱兵一樣游來游去，許多學生會在這邊散步、沉思。

長達二十年的教書生涯，有時看到研究做得好的學生因優秀而驕傲，他就會特別帶領學生閱讀一些具有宗教色彩的作品，讓他們看看真正優秀卻謙卑的人。

對李家同來說，諾貝爾文學獎提名人遠藤周作的《深河》就有這樣的魔力。閱讀這本書，為李家同帶來的情緒不是歡愉，而是悲哀，但悲哀中卻有深深的感動，讓人深自警惕。

在擔任校長期間，因為經常出國參訪，一次旅程中，李家同剛好在書店看到這本書，隨即買回去。居學術殿堂高位的李家同，閱讀著小說中的情節，彷彿也來到印度的恆河邊，踏過髒亂的垃圾、目睹河中浮腫的死屍……

《深河》敘述一個前往印度的日本旅行團：有一心追尋妻子轉世可能性的職員，有欲將心事寄託鳥兒的作家，也有曾在緬甸叢林歷盡煉獄之苦的老兵……，他們背負著各自的重擔而活，渴望在深河裡獲得淨化。

故事中的深河，就是印度的聖河——恆河。在恆河河畔，死者的遺體被焚燒，骨灰撒入河中，期望靈魂在來世復活；無數虔誠的人用混有骨灰或屍體漂流其中的河水洗漱、沐浴，祈求來世的幸福。

李家同閱讀的焦點，格外鎖定在為窮人施洗的日本神父大津身上。這位神父住在加爾各答最貧窮的地區，服務的全是印度階級制度下的賤民。看見跋涉千里來恆河朝聖的人，因旅途勞累再也走不動了，他會背他們到河邊，為他們祈禱。

李家同曾經在書中提到：「這個故事有象徵性的意義，恆河代表上蒼無盡的愛。富人和窮人，他們的骨灰，都進入了恆河，正如上蒼一樣，接受富人，更接受窮人。……這位神父之所以會背窮人去恆河，無非是要表明一件事：基督徒應該背耶穌給我們的十字架，為窮人服務，更應該帶領人們到達永生，因恆河對於印度人而言，代表了永生。」

反思服務的驕傲

李家同閱讀這本小說，也反思到自己雖然信仰基督，但是生活在崇高的學術殿堂，時而感覺有一堵無形的高牆，將他與世界上真正的需要隔絕開來。透過閱讀，他體驗到「謙卑」，一種對生命的悲憫與尊重。

他曾在書中提到，在監獄服務時，習慣找一些受過教育的年輕人做朋友，卻避開牆角的死刑犯，因為他不僅怕看到手銬和腳鐐，更怕陪他們走向死亡，他不敢面對人類最悲慘的事。同樣的，去育幼院服務，他服務受修女寵愛聰明又活潑的孩子，卻迴避牆角較不可愛、畏縮的孩子。

在李家同的反省中，這也是一種驕傲。

「就像《深河》裡的神父，為富人施洗，也為印度教的窮人施洗。真正的謙卑，是要服事那些不可愛、被眾人丟棄、不同生活背景，甚至不同信仰的人，而且服事的時候，要能卸下自認為尊貴的身分，在眾生之前平等。」

也因為這樣的理念，李家同十分投入推動偏遠地區的閱讀教育。

「這些孩子，家裡可能沒有一本書、沒看過村子以外的世界，當然也沒聽過《格林童話》。」於是李家同經常想著，今天是要帶他們讀《悲慘世界》看看十九世紀的巴黎，還是乘坐《白鯨記》造訪汪洋大海？或是尋訪王爾德童話中愛爾蘭的小雨燕……。

他感恩自己小時候家中就擁有滿書櫃的文學作品，因此他帶領弱勢的孩子閱讀西方名著，希望孩子在看故事的過程中，自然而然地充實文藝的涵養，與世界的局勢接軌。

愛心讓世界不一樣

除了與孩子們共度的時光，李家同大部分時間都待在研究室。午後，偶爾有曾經指導過的學生，特別帶著結婚的喜餅，從外縣市來探望昔日的恩師「李公」。

他熱絡地與學生寒暄，親切得好像一家人。

李家同對學生的指導，不只在研究與智識上的提升，也會盡量帶領他們反思人生的信仰與價值，雖然偶爾遇到挫折，仍不放棄引導與教誨。

「研究做得好的人，一定都有自我膨脹的時候。這時候，我會推薦他們讀一些發明家的傳記，看看一些聰明到舉世聞名的科學奇才，私底下都是多麼平凡的人。我會反問他們，你們自認有這麼聰明嗎？如果沒有，連發明科學定律的法拉第都願意每天花時間陪老婆婆吃午餐，那你們呢？」

「這個世界多幾個頂尖的人真的沒那麼重要，重要的是要有愛心，如果多一位有愛心的人，就會變得不一樣。」

傍晚時刻，李家同結束一天的活動準備回家。黃昏的校園中，清新的空氣使落日顯得格外耀眼。

曾經孕育無數諾貝爾獎得主的清華大學，是台灣培育科技人才的前哨。在這裡，喜愛閱讀、喜愛唱歌、喜愛與年輕人交談的李家同，日復一日地分享自己的熱愛，推動閱讀的力量、也是謙卑的力量。

“這個世界多幾個頂尖的人真的沒那麼重要，
重要的是要有愛心，
如果多一位有愛心的人，
就會變得不一樣。”

李家同的私書房

01-《一個都不留》(*And Then There Were None*)

作者／阿嘉莎・克莉絲蒂(Agatha Christie) 譯者／王麗麗、劉萬勇

推薦理由——阿嘉莎・克莉絲蒂沒有什麼好的學歷，但是她的偵探小說都絕對合乎邏輯，也就是說極少有不合乎邏輯的破綻。她最被人所稱讚的小說叫做《一個都不留》，過去也叫做《童謠謀殺案》。

內容簡介——獲選為世界十大偵探小說之一，為「永遠的謀殺天后」阿嘉莎的經典之作。故事描述各行各業互不相識的十個人，受邀聚集在戰士島上的豪宅，然後逐一照著古老童謠的歌詞離奇死亡，直到最後才真相大白。

02-《白馬酒館》(*The Pale Horse*)

作者／阿嘉莎・克莉絲蒂(Agatha Christie) 譯者／林樹民、盧玫

推薦理由——偵探小說一定要有趣。《白馬酒館》講到女巫殺人，所謂女巫，當然是假裝能夠通靈的人，她們知道自己根本是凡人，「作法」也是裝神弄鬼的玩意兒，沒有想到的是，她們的咒語還真有效，她們對某些人唸些亂編的咒語，對方居然就真的死掉了，把這批女巫也嚇壞了。

內容簡介——戈曼神父寫下戴維斯太太臨死前告解中的人名後，在返家途中遭人從背後擊斃，而這張名單中的人也一一「自然死亡」。伊斯特來到從前的白馬酒館舊址，發現住在裡面的三名婦女懂得取人性命的巫術。他懷疑神父的死亡名單可能與「白馬」這棟屋子有關，因而決心親身體驗即將在其中舉行的降神大會，查明事件真相。

03-《三口棺材》(*The Three Coffins*)

作者／約翰・狄克森・卡爾（John Dickson Carr） 譯者／翁裕庭

推薦理由——《三口棺材》絕對是非常有趣的偵探小說。這本小說的作者是美國人，長年居住在英國，因此寫出來的小說，英國風味十足。《三口棺材》是典型的卡爾作品。。

內容簡介——愛倫坡終身大師獎得主卡爾的密室推理名作。一位魔術師突然闖入葛里莫與好友的聚會中，留下謎樣的「三口棺材」這句話，並警告他有生命危險。三天後，葛里莫果真在自家身亡。警方破門而入後，屋內只有胸口被子彈貫穿的死者。事發當晚的陌生訪客到哪去了？行凶用的槍枝在哪裡？更詭異的是，屋外雪地上竟無任何足跡……

04-《Y的悲劇》(*The Tragedy of Y*)

作者／艾勒里・昆恩（Ellery Queen） 譯者／鄭秀美

推薦理由——在《一個都不留》那本書裡，是沒有偵探的，而《Y的悲劇》卻創下另一紀錄，殺人者沒有殺人動機，你能想像這部小說有多難寫。

內容簡介——「艾勒里・昆恩」可說是美國推理小說家中最成功的雙人組合，本書躍居當時世界推理經典小說排行榜第一名。故事描述被病毒遺傳所侵蝕的哈特家族，彷彿受到詛咒般，家族成員一一過世。這接連的殺人事件，究竟有何不為人知的內幕……

05-《科學怪人》(*Frankenstein, or the Modern Prometheus*)

作者／瑪麗・雪萊（Mary Shelley） 譯者／于而彥

推薦理由——《科學怪人》的作者是一位女士，瑪麗・雪萊，詩人雪萊的太太。傳說她有一次在荒野中的古堡過夜，外面雷電交加，《科學怪人》就是在這種情景之中寫出來的，究竟是否為真，不可考也。

內容簡介——本書被認為是有史以來的第一部科幻小說，作者被後世譽為「科幻小說之母」。故事描述一個天才醫生的瘋狂計劃，他創造了一個幾分像人但更像怪物的不自然生命，後來發現這麼做會冒犯神靈，於是便想殺掉那個怪物；而怪物本能地求生逃亡，隨後雙方開始發生各種衝突。

06-《隱形人》（*The Invisible Man*） 作者／H. G. 威爾斯（Herbert George Wells）

推薦理由——我們現在看科幻電影，經常看到的是「時空變換」、「外星人入侵」和「隱形人」，不知道多少部科幻電影繞著這些主題之一打轉，很少人知道，這三個主題都是由同一個人發明的。

內容簡介——本書是「現代科幻小說之父」H.G. 威爾斯的巔峰之作。一個窮困潦倒但頗有才華的教師，服用自己發明的藥物後成了隱形人，因無法繼續在倫敦生活，只好躲到偏僻小鎮，希望找到顯形的辦法。屢遭失敗後，他開始走火入魔，企圖利用自己隱形的特點建立恐怖王朝，卻沒想到造成社會的恐慌與混亂，也讓他步向毀滅之路。

07-《化身博士》（*The Strange Case of Dr. Jekyll and Mr. Hyde*）

作者／史蒂文生（Robert Louis Stevenson） 譯者／吳鴻

推薦理由——科幻電影也喜歡談所謂的雙重人格問題，不是嗎？這種想法的開山祖師爺是史蒂文生。大家都知道《金銀島》是史蒂文生寫的，很少人知道他又寫了《化身博士》，這位博士就是一個有雙重性格的人。

內容簡介——本書是英國小說家史蒂文生最為知名的想像故事，故事主角「傑柯與海德」現已成為心理學上形容雙重人格的專有名詞。正直有禮、醫術精湛的傑柯醫生，在服用自己發明的藥水後，變身為相貌醜惡並滿肚子壞主意的海德。漸漸的，傑柯愈來愈無法控制海德，甚至慢慢被海德所控制，逼不得已，傑柯最後自殺，以免海德貽禍人間。

08-《美麗新世界》（*Brave New World*）

作者／阿道斯・赫胥黎（Aldous Huxley） 譯者／李黎、薛人望

推薦理由——《美麗新世界》一直是大家常討論的書，因為這本書有預言的味道。人類會不會全聽人擺布？會不會以人為科技的方法使大家想法一致呢？《美麗新世界》警告世人，這種時代是可能來到的，也是極不該來到的，可是我們能抵擋科技對我們精神生活的影響嗎？

內容簡介——英國作家赫胥黎1932年的警世之作。故事描寫科技文明過度發達後，人類成為自己所發明科技的奴隸，帶來婚姻與家庭制度的瓦解、與人性牴觸和摒除宗教三大危機，造成人性本質的扭曲及墮落。

09-《華氏451度》(*Fahrenheit 451*) 作者／雷・布萊貝利(Ray Bradbury) 譯者／于而彥

推薦理由——這本書描寫的是另一種恐怖新世界，這個世界的獨裁者不准人民有書，一旦發現了書，一概燒掉。華氏451度是紙張起火的溫度，這本書的結尾，是一群人只好將整本書背起來。

內容簡介——作者是美國當代作家、電影劇作家，曾獲奧斯卡金像獎提名。在本書所虛構的未來世界裡，知識被視為動亂的根源，閱讀屬於犯罪行為，消防隊員成為焚毀書籍的專業縱火者。一批志同道合的愛書人，為了讓書籍繼續流傳，每個人默記一本書，以口耳相傳的方式，讓經典代代傳承下去。

10-《基度山恩仇記》(*Le Comte De Monte-Cristo*)

作者／大仲馬(Alexandre Dumas) 譯者／鄭克魯

推薦理由——某人被人陷害，在監獄裡知道哪裡有寶藏，出來以後變成了富有的基度山伯爵，也展開了他的復仇。我個人不太喜歡復仇，但這本書值得一看，因為這個故事是不太可能發生的，難怪我們的小說不如洋人那樣有趣了。

內容簡介——大仲馬是十九世紀最受歡迎與最多產的作家之一，本書為其代表作之一。故事以拿破崙被放逐的年代為背景，描述船員唐泰斯遭人誣陷入獄，在獄中得到隔壁牢房法理亞神父的教導而變得博學多聞，越獄後靠著尋獲的寶藏成為上流社會的基度山伯爵，隨後展開一系列的復仇。

11-《雙城記》(*A Tale of Two Cities*) 作者／狄更斯(Charles Dickens) 譯者／齊霞飛

推薦理由——我在高中畢業的那一年，看了《雙城記》的原文版，當時我已看過了《雙城記》的電影，可是我覺得書精采多了。對我而言，這本書最精采的一段是有關天堂的對話，男主角的回答充滿了哲理。

內容簡介——十九世紀最能反映社會現實的英國作家狄更斯的代表作。故事以法國大革命為背景，主題環繞馬內特醫生一家人，描述歐洲各國的社會生活、貴族如何殘害百姓、農民揭竿而起之後又如何血腥報復，穿插冤獄、情愛和復仇等情節，在恐怖氛圍中也傳達唯有愛與寬容才能化解仇恨。

12-《白鯨記》（*Moby-Dick*） 作者／梅爾維爾（Herman Melville） 譯者／葉晉庸

推薦理由——《白鯨記》的主角是一條鯨魚，那位船長一口咬定這條鯨魚是惡魔的化身，必須去之以一快。其實你只要留在陸地上，鯨魚如何能攻擊你？《白鯨記》永遠是美國小孩子必讀的，這本書的文詞也極為優美。《白鯨記》兩次搬上銀幕，電影值得一看，小說更值得一讀。

內容簡介——美國文學的代表性作品，描述捕鯨船船長阿哈為報斷腿之仇，誓言追殺白鯨莫比敵的故事。本書也被稱為捕鯨的文學百科全書，對於船隻、航行、水手、巨鯨、各地風土人情，都有極傳神的描寫；更對生命與死亡的意義、人性的光明與黑暗，有極深邃的討論。

13-《海狼》（*The Sea-Wolf*） 作者／傑克．倫敦（Jack London） 譯者／裘柱常

推薦理由——傑克·倫敦的家在加州舊金山附近，我在柏克萊念書的時候，常常去看他的故居。我之所以介紹他的作品，並非贊同他的想法，而是因為他的想法和美國的傳統文化是有關聯的。看了傑克·倫敦的作品，可以使我們對美國人的一些文化想法和做法更了解。

內容簡介——擅長原始暴力和個人奮鬥描寫的美國作家傑克·倫敦的海洋小說代表作，藉由不同角色在險惡環境中展現的原始人性，比擬社會的現實。故事描寫作家遇船難後被救起，卻淪為身心飽受折磨的船員，在船長對他信仰理念的冷嘲熱諷下，如何改變固有思維以取得生存空間。

14-《老人與海》（*The Old Man and the Sea*）

作者／海明威（Ernest Hemingway） 譯者／雅書堂文化編輯小組

推薦理由——《老人與海》的確是不容易寫的，主角只有一個，一位老漁夫。《老人與海》曾經搬上銀幕，由史賓賽·屈西主演，他完全演活了那位飽經風霜的老漁夫。

內容簡介——美國作家海明威獲得諾貝爾文學獎桂冠的作品。簡潔的語言、悉心的剪裁，讓這個老漁夫和小孩子出海捕魚的單純故事，表達出哲學性主題：「人不是為失敗而生的，一個男子漢可以被消滅，但不能被打敗。」

15-《悲慘世界》（*Les Misérables*） 作者／雨果（Victor Hugo） 譯者／蕭逢年

推薦理由——我常常希望作家們是人道主義者，用他們的筆來喚起我們對世界上不幸的人的同情，雨果的《悲慘世界》講的故事完完全全地有關窮人，被拍成好多電影，也搬上了舞台。

內容簡介——「法蘭西的莎士比亞」雨果的傳世之作，序中提到：「只要這個世界還存在著愚昧與窮困，那麼，這本書，則絕不會無益於人。」全書藉由主角從窮人奮鬥成為市長的過程，揭露十九世紀法國社會的敗壞，對窮人在封建制度壓迫下所遭受的剝削及迫害，展現充分的憐憫。

16-《憤怒的葡萄》（*The Grapes of Wrath*）

作者／約翰・史坦貝克（John Steinbeck） 譯者／楊耐冬

推薦理由——《憤怒的葡萄》講的是葡萄工人的故事，而這本書結束時所描寫的景象，是會使任何人都感到不安。我有很多學生看過《憤怒的葡萄》，都被史坦貝克極有創意的結束手法所征服，有一位學生說：這種寫法，前無古人，後無來者。

內容簡介——諾貝爾文學獎得主約翰・史坦貝克，反映美國經濟大蕭條時期的社會紀實傑作。故事描述窮困的約德一家前往加利福尼亞追尋較好的生活，但當地包工頭與果園主人為求暴利而壓榨流動的採葡萄工人，迫使工人團結起來，為保衛自己的權利而奮鬥。

17-《人鼠之間》（*Of Mice and Men*） 作者／約翰・史坦貝克（John Steinbeck） 譯者／湯新楣

推薦理由——故事中的主角是智能不足的可憐人，最後被他的好友槍殺，這本書寫盡了小人物的悲慘命運。蘇格蘭詩人羅伯特・伯恩思寫過一首詩，意思是說，人與老鼠應該是可以在世界上和平相處的，可是一旦有人要耕種，這種和平共處的關係就沒有了。老鼠最後一定會倒楣的。

內容簡介——約翰・史坦貝克描述勞動階級悲慘際遇的代表作之一。兩個好朋友精明的喬治與輕度智障的雷尼，為了實現夢想而到牧場工作，但雷尼卻意外殺害牧場小開的太太，喬治不忍雷尼被捕後遭私刑虐殺，故而親手殺死他，他們共同的憧憬也因此化為泡影。

18-《大地》（*The Good Earth*） 作者／賽珍珠（Pearl S. Buck） 譯者／馬真

推薦理由——談到弱勢，我們中國的農民是絕對的弱勢，毛澤東就是打著土地改革的旗號得勝的，雖然中國農民值得同情，我們的文學家卻很少寫文章表示他們對農民的同情。

內容簡介——前後在中國住了四十幾年的賽珍珠，是唯一獲得普立茲獎和諾貝爾獎的美國女作家。本書描述中國農民王龍一生的故事及其所面臨的生活問題，包括王龍、阿蘭和他們的兒女，為了田地、房產、生存，必須經歷的種種掙扎。

19-《推銷員之死》（*Death of a Salesman*） 作者／亞瑟・密勒（Arthur Miller） 譯者／姚克

推薦理由——《推銷員之死》是一部舞台劇，描寫的是一個失敗的推銷員，最後以自殺來爭取保險公司的錢，使他的家人活得好一點。為什麼這部戲劇如此有名呢？因為在美國，有一個叫做「美國夢」的名詞，意思是說，在美國，人人都可以實現夢想，可是這位推銷員的夢已破碎了。

內容簡介——曾獲普立茲獎的美國劇作家亞瑟・密勒，因本齣舞台劇震撼戲劇界。作者運用意識流的手法，讓逐漸失去事業能力的推銷員威利，在現實生活的殘酷、過去的虛幻榮景及想像中穿梭，最後選擇一死以保障家人的生活。劇中處處可見人性的複雜及虛偽，被視為是對美國夢的嚴苛批評。

20-《動物農莊》（*Animal Farm*） 作者／喬治・歐威爾（George Orwell） 譯者／李立瑋

推薦理由——動物反抗人類，卻又建立了牠們自己的獨裁社會，這是何等諷刺的故事。這本書應該使世人有所警惕，當我們看到世界上有不正義的情況，當然希望不正義被正義所取代，但是正義是盲目的，取代的結果往往是被壓迫者變成了壓迫者，要建立一個美好的社會，光談正義是不夠的。

內容簡介——英國左翼作家喬治・歐威爾的傳世之作。一群由豬帶領的動物，驅逐了剝削牠們的農莊主人，並將農莊更名為「動物農莊」，要讓所有動物一律平等；但沒多久，其中一隻領導豬密謀趕走對手，並建立了侵占其他動物勞動成果的獨裁統治，最後甚至穿起人的衣服。

21-《一九八四》(*Nineteen Eighty-Four*) 作者／喬治・歐威爾（George Orwell） 譯者／邱素慧

推薦理由——歐威爾的《一九八四》顯然與當時的政權有關，獨裁者到處裝了監視系統，使我們無所遁形，無論做什麼，他們都知道。雖然目前還沒有什麼國家做到了如此完美的監控，但是，即使在民主自由的國家，我們也都被監控了。歐威爾的名言：「老大哥在看你。」有其真實性。

內容簡介——一本政治寓言書，描寫一個假想的極端獨裁國家，當權者利用無所不在的監視裝置，監控每個人民的行動，以至於人性與自由、思想與情感都被摧毀，加上利用仇恨、恐懼、殘酷等控制手段，使得人民為求生存而不擇手段陷害他人。

22-《小氣財神》(*A Christmas Carol*) 作者／狄更斯（Charles Dickens） 譯者／顏湘如

推薦理由——狄更斯同情窮人。看狄更斯的小說，使我們可以了解當時英國窮人的悲慘狀況，有些事情，都是現代人不能想像的。我們常常將世人的悲慘情況稱為「狄更斯筆下的悲慘」，狄更斯的一枝筆，促成英國後來的改革。

內容簡介——一個自私自利的小氣富翁，在聖誕節前夕夢到過世七年的事業夥伴，這位夥伴警告他必須將公眾福利當成畢生事業，才能免除死後靈魂審判之苦；藉由過去、現在、未來三個精靈為他顯示的景像，小氣富翁幡然悔悟，成為樂善好施的人。本書因讚揚聖誕節的精神，而獲得廣大迴響。

23-《人為什麼而活》 作者／托爾斯泰（Lev Nikolayevich Tolstoy） 譯者／許海燕

推薦理由——本書是托爾斯泰的精心之作，也是最為人津津樂道的作品。托爾斯泰在俄國極受崇敬，年輕人結婚以後，往往會到他的墓地去照相留念。很少人知道托爾斯泰的墓地只有一塊石碑，石碑上什麼都沒有寫，但是墓地在青草與樹林之間，單單這個簡單而無比美麗的墓地，就可以形容托爾斯泰的胸襟。

內容簡介——本書收錄俄國貴族出身的文學家托爾斯泰十篇寓言：〈人為什麼而活〉、〈兩個老人〉、〈星星之火可以燎原〉、〈蠟燭〉、〈三位長老〉、〈雞蛋大的麥粒〉、〈伊利亞斯〉、〈懺悔的罪人〉、〈兩兄弟和金幣〉、〈迎著光，向光明前進〉。作者不用教條箴言，而是透過樸實的白描手法，傳達人與人之間的愛、信仰和希望。

24-《大地之歌》(*All Creatures Great and Small*)

作者／吉米．哈利（James Herriot） 譯者／林瀅、林慰君

推薦理由——《大地之歌》的作者是一個獸醫，他的書也平淡無奇地講他的一生，他是在英國鄉下小鎮行醫的獸醫，並不是在城裡專門替有錢人照顧寵物的獸醫。是不是每一位鄉下的獸醫都能將自己的故事寫成暢銷書？恐怕未必。各位不妨去看看《大地之歌》的第一章，就能知道箇中原因。

內容簡介——英國獸醫吉米．艾非．威特（James Alfred Wight）根據執業經歷，以吉米．哈利為筆名，虛構出獸醫故事系列的第一部。哈利剛到鄉下當獸醫助手時發生許多爆笑糗事：面試第一關就被母牛飛踢一腳；首次看診，卻面臨當場殺了馬兒的天人交戰……作者以生動幽默的文筆，記述了各種動物病患的醫治過程及與飼主的互動。

25-《西線無戰事》(*Im Western Nichts Neues*)

作者／雷馬克（Erich Maria Remarque） 譯者／蔡憫生

推薦理由——這是一本徹頭徹尾反戰的書，我們應該反對戰爭，因為戰爭永遠是少數人挑起的，可是他們從不到戰場，卻派了成千上萬的年輕人去送命，送命還沒關係，送命以前的痛苦呻吟，才是我們該永遠牢記在心的。

內容簡介——德國作家雷馬克以自己參加戰爭的體驗為背景，將戰爭的冷酷，及因愛國心而參戰的青少年到了戰場後所面臨的恐懼與無助的心情，描寫得十分真實生動，藉以控訴第一次世界大戰的殘酷與可怕。

26-《蒼蠅王》(*Lord of the Flies*) 作者／威廉．高汀（William Golding） 譯者／陳鵬翔

推薦理由——《蒼蠅王》講的是一批聖詠隊的孩子，乘飛機出去表演，飛機失事，大人都死了，孩子流落在一個荒島上，一開始，他們互相扶持，最後，他們變成了互相殘殺的野蠻人。

內容簡介——本書是英國作家、諾貝爾文學獎得主威廉．高汀的第一本小說。一群六到十二歲的孩子在流落荒島後，從循規蹈矩墮落到原始野蠻，作者以西方人認定是好孩子的聖詠隊為主角，最後卻讓讀者看到不折不扣的殺人犯，用反諷的方式，將人類的沉淪形容得淋漓盡致。

27-《高爾基短篇傑作選》 作者／高爾基（Maksim Gorkiy） 譯者／許海燕

推薦理由——高爾基是俄國近代的作家，他痛痛快快地描寫了當時俄國老百姓的生活，很多人說沙皇時代已經過去了，也許在俄國，那裡的人民已經脫離了當時的悲慘，但整個人類卻不知有多少人的生活和沙皇時代一模一樣。沙皇時代是一個兩極化的時代，我們現在難道不是也這樣嗎？

內容簡介——本書收錄蘇聯文學之父、革命運動發言人高爾基早期的十篇短篇小說：〈馬卡爾·楚德拉〉、〈伊則吉爾老婆婆〉、〈鷹之歌〉、〈阿爾希普爺爺和廖恩卡〉、〈切爾卡什〉、〈秋天的一夜〉、〈因為煩悶無聊〉、〈二十六個男人和一個少女〉、〈海燕之歌〉、〈一個人的誕生〉等浪漫主義和現代主義作品。

28-《權力與榮耀》（*The Power and the Glory*）

作者／葛蘭姆·葛林（Graham Greene） 譯者／張伯權

推薦理由——葛蘭姆·葛林到過許多地方，每到一處，他都會根據他的經驗寫成小說。墨西哥曾有一次革命，這也是迫害天主教的革命，葛林的《權力與榮耀》就在他目睹神父四處流亡的情形之下寫出來的。

內容簡介——諾貝爾文學獎提名、英國作家葛林探究宗教意識之作。故事以中南美洲小國為背景，描寫一位嗜酒的教士，因統治者的迫害而四處躲藏，然而就在他因否定上帝存在之時終能接近上帝，最終回歸信仰，求天主寬恕槍殺他的人。

29-《深河》（*Deep River*） 作者／遠藤周作 譯者／林水福

推薦理由——這本書使無數的人感動，我的學生看過《深河》以後，無一不為之動容，有一位甚至感動到淚流滿面。對於遠藤周作來講，神父不一定要在教堂裡講道，而應該以實際的行動來幫助世人。將世人背起，有其特殊的意義，因為耶穌不就是背著十字架走回他的人生旅途嗎？

內容簡介——日本「國民性作家」遠藤周作，晚年在病榻間完成的長篇小說。「深河」指的是印度恆河，講述一個前往恆河的日本旅行團，成員帶著各自的人生故事：想追尋妻子轉世的癡心鰥夫、欲將心事寄託鳥兒的童話作家、曾在緬甸叢林歷盡煉獄之苦的老兵，還有無法愛上他人的失婚女人……，前往恆河朝聖之後的各自領悟。

30-《瘋子·教授·大字典》（*The Professor and the Madman*）

作者／賽門·溫契斯特（Simon Winchester） 譯者／景翔

推薦理由——我介紹的書多半是小說，杜撰的，但是《瘋子·教授·大字典》卻是真人真事。這位瘋子受過良好的教育，在美國南北戰爭期間，他是北軍的軍醫，這位軍醫之所以變成瘋子，完全因為他在南北戰爭中的慘痛經驗。閱讀本書，一定能使我們對南北戰爭有更深刻的了解。

內容簡介——耗時七十年，十二鉅冊的《牛津英文大字典》編纂完成當時，被新聞稱為「英國文學史上最偉大的事蹟之一」。英國暢銷作家溫契斯特解密封存已久的官方機密檔案，披露字典編纂過程中，一位發瘋殺人被判終生監禁的醫生投入編輯小組的故事。

31-《最後14堂星期二的課》（*Tuesdays with Morrie*）

作者／米奇·艾爾邦（Mitch Albom） 譯者／白裕承

推薦理由——一位老師即將離開人世，但在去世以前，仍將他的智慧交給了他的學生。老師的課只有一個目標，使學生有一顆柔軟的心，顯然地，老師做到了。書局裡有多少書教你如何成功、如何成為百萬富翁，其實這個世界最缺少的仍是愛心。

內容簡介——美國暢銷作家米奇在出社會多年後，於每個星期二去探望生病的老師，與老師一同面對十四堂關於生命意義的課。老師墨瑞誠實看待自己在死亡面前的恐懼與脆弱，但仍保持熱情與幽默感，他不僅窮究死亡的多重意義，更藉著談話，讓世故而剛硬的米奇重新看待生命。

32-《水滸傳》 作者／（元）施耐庵

推薦理由——小男孩一定會喜歡看《水滸傳》，最令我有興趣的是景陽崗打虎的那一段，我念小學時，連教科書裡也有收錄，我們這些小學生當然會對這一段津津樂道。

內容簡介——中國古典小說四大奇書之一《水滸傳》，是根據《宋史》中宋江等人在山東造反的史實，加上許多民間傳說演化而成。時代背景為北宋徽宗年間，皇帝昏庸、奸臣當道、民不聊生，以至於官逼民反，而有以宋江為首的梁山一百零八條好漢與朝廷抗衡的故事。

33-《三國演義》 作者／（明）羅貫中

推薦理由——我閱讀的開始年級是小學四年級左右，看的是《三國演義》和《水滸傳》，我想這是所有中國小男孩共同必經之路吧！讀《三國演義》，我們都會對「話說天下大勢，合久必分，分久必合」有深刻的印象。

內容簡介——羅貫中的《三國演義》是以陳壽的《三國志》為底本，描寫東漢末年到西晉初年將近百年間，曹魏、蜀漢、東吳三個國家的興起與衰亡，和其中智士鬥智、勇將鬥勇、合縱連橫的故事。

34-《城南舊事》 作者／林海音

推薦理由——我常常看《城南舊事》，城者，北京城也，林海音寫《城南舊事》已是成人，但她假裝是小孩子，將讀者帶到一個兒童心目中的世界。這種寫作技巧，很少人會，但如果學會了，一定受用無窮，因為小孩子的話中不會無病呻吟，絕對有血有肉，而且也不必顧及文辭是否優美，小孩子不會講這一套的。

內容簡介——創辦純文學出版社的林海音女士，被文壇尊稱為「林先生」，其自傳式小說《城南舊事》裡的五篇小說，分開來是完全獨立的故事，合起來則可視為林海音七歲到十三歲的長篇成長小說。書中透過主角英子童稚天真的雙眼，觀看大人世界的複雜情感與悲歡離合。

35-《兒子的大玩偶》 作者／黃春明

推薦理由——《兒子的大玩偶》寫盡了小人物的悲哀，我每次看《兒子的大玩偶》心中就有一種無比的悲傷，我也一直認為《兒子的大玩偶》比《推銷員之死》更具震撼力。世界上很多小說以小丑做為主角，黃春明的這部小說幾乎可以說是這類小說中少有的精彩作品。

內容簡介——黃春明是台灣六〇至八〇年代的重要作家，許多電影都改編自他的小說，《兒子的大玩偶》便是其中一部。故事描述一位父親因工作關係必須打扮成小丑，幫電影做宣傳，但兒子卻在看到父親的真面貌時，哭得更厲害，彷彿完全不認識父親，反映出為人父母在生活、工作中的諸多無奈與當時生活的艱苦。

36-《臺北人》作者／白先勇

推薦理由── 白先勇筆下的台北人都已經過去了，為什麼仍有這麼多人還會看他的書，我想他的寫作技巧好是最大的原因，舞女也好，將軍也好，名女人也好，只要由他寫出來，個個生動無比，將軍像個將軍，舞女像個舞女。看白先勇的小說和看電影沒什麼差別，也只有白先勇有這種能力。

內容簡介── 從早年「現代文學傳燈人」到現在成為「傳統戲曲傳教士」，白先勇一直是文壇上的重量級人物。《臺北人》由十四個短篇小說組成，主角不是土生土長的台北人，而是1949年隨國民黨政府來到台灣的人，包含上流社會的將軍、教授與社交名媛，及社會底層的工人、舞女等，呈現出當時社會的眾生相。

37-《棋王‧樹王‧孩子王》作者／鍾阿城

推薦理由── 我們都知道文化大革命所造成的災難，但是它也使很多城裡的青年得以了解鄉下的情形，棋王、樹王和孩子王都是小人物，在鍾阿城的筆下，這三王的故事，看了以後，令人回味無窮。

內容簡介── 鍾阿城是中國現代的知名作家，本書包含他以自身十多年「知青下鄉」的生活經驗所創作的〈棋王〉、〈樹王〉、〈孩子王〉三個中篇小說，及〈會餐〉、〈樹樁〉、〈周轉〉、〈臥鋪〉、〈傻子〉、〈迷路〉六個短篇。「三王」作品以文化大革命為時代背景，描寫熱愛下棋、熱愛樹木與熱愛孩子的三個平凡人物的故事。

38-《山居筆記》作者／余秋雨

推薦理由── 余秋雨不寫小說，他的《山居筆記》寫的是他對很多中國歷史事件的感想。余秋雨的文章真是絕對的有趣。我對渤海國一無所知，看了《山居筆記》以後，才知道在黑龍江省，有渤海國的首都遺蹟。

內容簡介── 余秋雨是中國最有名的作家之一，他慣用散文的形式，結合文學與史學，書寫歷史人物的悲歡離合，進而省思人生。本書收有〈一個王朝的背影〉、〈流放者的土地〉、〈脆弱的都城〉、〈蘇東坡突圍〉、〈千年庭院〉、〈抱愧山西〉、〈鄉關何處〉、〈天涯故事〉、〈十萬進士〉等篇。

39-《電學之父——法拉第的故事》作者／張文亮

推薦理由——我們要有像法拉第的成就，大概是不可能的，重要的是，我們該學習法拉第的人格，做一個絲毫不驕傲的人，這才是最重要的。至於本書的作者，張文亮教授，我只有一句話來介紹他，那就是他的每一本書都值得一讀。

內容簡介——台大教授張文亮消化各種法拉第事蹟的書籍和刊物後的精心之作。書中描寫僅受小學教育的「電機工程學之父」法拉第，如何在貧困中努力自學、謙卑但熱情地在科學領域裡鑽研，並在功成名就之後以虔誠的基督教信仰選擇安貧樂道的種種，呈現偉大科學家的一生。

40-《十三朵白菊花》作者／周夢蝶

推薦理由——詩是無法解釋的，我實在沒有資格解釋任何人的詩，我只能說有些詩令我深思。我也不知如何解釋我為何喜歡周夢蝶的詩，我只知道他的詩給我一種飄逸的感覺。

內容簡介——因厭惡共產黨而隨青年軍輾轉來台的周夢蝶，是詩壇傳奇，一生以淡泊之志過清貧的生活。本書收錄作者自 1965 年以來的作品，引禪意入詩為其特色，從中可看出他對生死的辯證，而且能夠參透生死。

行萬里路讀萬卷書

務實者

奇哥董事長

陶傳正

文——李康莉　照片提供——陶傳正

書「不要讀太多，讀太多會害死人！」坐在窗邊的大沙發裡，奇哥董事長陶傳正大笑地說。窗外是草木扶疏的院子，即使在豔陽下也顯得一派清涼。

奇哥是台灣嬰兒用品的領導品牌，人稱「陶爸」的陶傳正，卻不能以此被定位。他不但主持廣播節目、演出超過三百場舞台劇、兩度入圍電視劇金鐘獎最佳男主角，也是著名的背包客，他發表在《商業週刊》一系列的旅遊文章都深受好評。

他的父親陶子厚，是兩蔣時代最重要的民族實業家，也是對進出口貿易貢獻良多的「愛國商人」。他常常引用「孔子說」、「孟子說」教誨兒女，教條式的訓言，讓個性自由不羈的陶傳正暗自不服地抗議，「那些書本裡的知識，你也不過嘴巴說說而已，還不如自己去做做看。」

隨著時代變遷，陶家經營的傳統事業開始式微，陶子厚被傳統文化薰養得宅心仁厚，這時候仍然慷慨出借巨資幫助他人，更讓財務蒙上陰影。

不過，做為企業家的獨子，陶傳正終究認分地接受自己的責任。二十歲的陶傳正就知道未來自己是要回去接手這個重擔的。大學畢業後，他狠狠地收心，利用當兵的空檔，找來企管、國貿、會計等等任何他認為對經營事業有用的書，那一年，他在軍營裡一口氣K了一百多本書。

然後呢？

二十五歲的陶傳正正式進入父親的「國豐集團」，以書為裝備，卻猛然發現自己無力拯救千瘡百孔的財務危機，他直言，「這些教科書裡面的知識，完全沒有用。」

近二十年歲月，陶傳正頂下十五億的負債，調頭寸、賣地，每天都在解決危機。雖然扛起家業的沉重令他喘不過氣來，幸好他愛旅行，總是藉著國外出差到處走、到處看，旅行讓他找到情緒的出口，也讓他日後的人生豐富而深刻。

在旅行和閱讀中，人生因此而開闊

因為做生意的關係，陶傳正像當時的企業主，帶著一口行李箱踏上美國、歐洲，在各大城市拜訪客戶。他回憶：「剛開始，我連黑人都不敢直接正眼看他，覺得好像看到鬼！」直到後來他去了美國南方，被一個黑人女服務生感動，真正認識了黑人的善良老實，才破除以前因為聽說和傳聞而來的偏見。

往返美國多次，最難忘的是某次在洛杉磯，陶傳正在巴士站發現沒有車子開往市中心，四下無助時，一位女士打量他：「我不知道該不該載你，因為我不知道你究竟是好人還是壞人？」在陶傳正保證自己是好人之後，女士載他一起去買了給女兒的生日蛋糕，他就這樣在副駕駛座上一路捧著蛋糕回到市中心。陶傳正非常感謝這位拔刀相助的女士，留了名片，後來也邀請她們來台灣玩。

當起背包客實地體驗人生

年近五十時，那曾經不知何時是盡頭的債務惡夢，終於結束，陶傳正還清了錢、公司提前交棒，轟轟烈烈展開下半場的人生。

一般企業家退休後往往是打高爾夫球、炒股票、坐享豪宅名車，陶傳正則是像青少年看齊，玩音樂、演戲、拍照、自助旅行。

從亞洲、歐洲到美洲，像是補償之前所不足，他開始了行萬里路、讀萬卷書的歷程。身為董事長級的背包客，陶傳正旅行不住大飯店，卻偏愛小旅館和民宿，享受人際交流與熱情的接待。

在旅途中，他觀察到許多動人的人生樣貌：有些年輕人踩著單車慢慢騎，後面背包中露出一截長長的法國麵包，顯然就是他一天的糧食，可是他們看起來卻甘之如飴。或在中餐

自助旅行，
才能邂逅最多的人事物，
體驗最多的精采。

館用餐時曾看到一個年輕背包客，數了數銅板，只點一碗白米飯，老闆沒給好臉色，年輕人卻在飯上澆了醬油，然後開心地捧著飯碗，體驗不同的飲食文化。甚至也曾在不丹遇到一位八十二歲的印度老人，滔滔不絕地談說生命。

陶傳正感悟：「比起相識數十年的朋友，見面卻只談股票、房地產、高爾夫，講幾句就講不下去了，在旅途上認識的陌生人，反而更能相通、引發生命的共鳴。」

從小愛讀地圖，埋下對旅遊的熱愛

問陶傳正，這種對旅行的狂熱從何而來？他自覺與小時候愛看地圖脫不了關係。

「小時候在家裡，父親經常形容山東老家的景物，開啟了我的想像，上廁所的時候，我就拿一本《錦繡中華》地圖集，開始看中國每一省的地圖，想像著當地會有哪些山、哪些水。」

閱讀地圖的習慣一直伴隨著陶傳正，正因如此，讓陶傳正擁有絕佳的方向感，有時進入陌生的環境、迷了路，看看附近的山、水、太陽的方位，大概就可以判斷東西南北，同行的旅人十分佩服，總是讚嘆：「先生，你還懂風水啊？」

迷路在所難免，尤其在不丹旅遊時。

這個媒體曾大幅報導「全世界最快樂的國度」，充滿著各地慕名而來的朝聖者。要欣賞白雪皚皚的山峰、層次分明的梯田與農舍，車子得在三千五百公尺的峰頂與一千兩百公尺的低谷間循環升降，道路多彎，沿途風景如同仙境般朦朧。

陶傳正就曾因為地圖沒有標示地名、也看不出實際遠近，有從早上九點自定點出發，開到晚上十點才到的紀錄。

自在隨興就好

「旅行的過程中，迷路、找路都是一種樂趣。剛開始一定會驚慌失措或埋怨，但是放輕鬆，就會發現各種意外的可能。」

這也很像是陶傳正的人生態度。父親年輕時因慷慨作保受牽連，結果陶家必須償還高額債務。當年陶傳正選擇負責、面對，雖然心中對當初的借款人仍有怨言，「但事情就是這樣，後來發現計較只是讓自己難過，所以就選擇放下。」他也漸漸養成「凡事多自在隨興」的態度。

也因此，出門旅行，陶傳正多半採用租車的方式，才能隨心所欲地決定停留的時間，比如前往南法的普羅旺斯，除了到計畫中的酒莊、市集、薰衣草田與修道院，覺得有意思的地方他就多待一下，隨時保持彈性。

有時在民宿的晚餐，餐桌上巧遇附近經營骨董生意的夫婦，就談論起每天開店接待各種客人的奇遇，忘記時間飛逝；有時在田野間的葡萄藤下，紅酒杯影交錯，陶傳正夫婦享受著主人款款的待客風情，略去下一站的行程；有時遇到聊起興的旅人，於是結伴一小段，同遊下一站。

儘管已經七十歲，陶傳正十幾年來都堅持不跟團，只和陶媽作伴，以自助旅行的方式環遊世界：「自助旅行，才能邂逅最多的人事物，體驗最多的精采。」

旅遊對照閱讀的樂趣

旅行的出發前後，都需要閱讀大量資訊。如果旅遊是太陽，與旅行相關的知識、一路上的資訊，就像是繞著旋轉的星星，陶傳正奮力躍入其中，有時甚至延伸出帶狀的銀河。

陶傳正的習慣是去一個國家之前，先把當地相關的書都讀過一遍。比如九月要去北

“如果去過的地方多了，難免會混淆，
回來就再重溫相關的資訊，
重新對照、加強記憶，
也回憶當時一遊的情景。”

歐，兩、三個月前他就已經研究過好幾本北歐的書，包含北歐的歷史、藝術、設計、名人的相關介紹等，一網打盡。

有了網路之後，準備工作變得更方便，只要輸入關鍵字，就會跑出所有相關資訊。連想要訂的旅館，都可以先用Google Earth搜尋，直接看到實際的旅館外觀、附近的街道景觀、環境是否與敘述相同，以免上當。

陶傳正也會依照閱讀到資料的豐富性與有趣度，調整行程。比如原本他對丹麥興趣缺缺，但因為重新閱讀《安徒生童話》，發現了安徒生曾工作過的哥本哈根皇家劇院，以及賣火柴小女孩所在的街景；記憶中可以連結與造訪的地點變多了，因此決定多停留一些時間。

因為年輕時常出國參展，近幾年來的旅行地點，陶傳正盡量不選美洲，而選擇與台灣文化差異較大的中東、南歐、中亞等地，容易有衝擊與啟發。這時候，從閱讀而來的知識便和實地探查的認識，互相深化、印證。

陶傳正舉例，「比如閱讀完回教文化的書，多了歷史的了解，就會發現原來土耳其人與阿拉伯人是不同的；另外，回教文化中，回教徒是接受耶穌的，但僅將祂當作一位先知。有了這些背景知識，再對照旅行過程，就會有很多有趣的發現。」

多次前往中亞，陶傳正發現土耳其人非常熱情，逛店鋪時老闆都會熱情招呼，買不買東西真的沒關係，如果外國人去土耳其逛菜市場，一定能感受到溫暖，當地人還十分喜歡與外國人一起照相。但如果是去豐饒之國瑞士，則體驗到宛如氣候般寒冷乾脆的性情，因為大部分瑞士人都是德裔，有著德意志民族做什麼事情都清清楚楚、十分重規矩條理的個性。

掌握旅遊重點不盲從

在書籍的篩選上，陶傳正偏好日本人寫的主題旅遊書，因為資料豐富、正確度較高，作者也較具專業經驗。

「唯一的例外是去不丹那次，我看了所有與不丹相關的書，其中有一本是*lonely planet*之前的編輯新加坡人葉孝忠所寫的；他的寫作觀念清楚、先寫大主題：不丹的特色，像宗教、政治、王室等，之後再寫不丹的旅行景點，介紹得非常詳盡，內容引人入勝。」

大量的資訊中，陶傳正會理性判斷，掌握最獨特的價值、抓住重點，將其他次主題割愛。比如有的旅遊書中多次提到住阿曼的奢華體驗，但如果確立旅行的宗旨是當地歷史與民族色彩，他就會略過。

因為熱愛旅行，陶傳正對一些特殊的旅行方式常常感到好奇。他讀過許多以特殊主題進行的旅遊書，比如有一本騎驢子遊新疆的書，內容一半以上在寫與驢子的互動，像這樣以「騎驢子造訪新疆」的主題，與自己想要「造訪新疆」的出發點不同，通常也只是看看，僅當背景資訊參考。

走進藝術裡的深度探索

近幾年，許多國際藝術展來台展出，不論是梵谷的星空、莫內的荷花、雷諾瓦的粉彩、達利的紅唇，都吸引了不少人潮。

陶傳正也對藝術史非常有興趣，針對旅途上造訪的地點，他開始延伸出知識類、藝術類的書單。

「有時去一些名人出生或住過的地方、或從博物館回來以後，想再多了解一些名人的生平。如果去過的地方多了，難免會混淆，回來就再重溫相關的資訊，重新對照、加強記憶，也回憶當時一遊的情景。」

以了解畫家梵谷為例，去過荷蘭阿姆斯特丹的梵谷美術館之後，有關梵谷的書，陶傳正幾乎全都買下。他發現這些書有些著重生平、有些研究梵谷的死因、有些對畫作有詳細的解說。讀多了，加上對照旅行經驗，甚至還能發現書中標示的資訊錯誤，比如有些書中誤將梵谷割耳朵時住的醫院，寫成發病時住的療養院。

而閱讀畢卡索，看到早期到後期畫作的改變，陶傳正也會思考這當中的道理何在，這些過程都使他獲得非常大的樂趣，也使旅行與閱讀相得益彰。

相較於同世代的人，陶傳正利用網路的靈活度不下於新世代的年輕人，他的許多閱讀活動多半在網路上進行。他深有所感，「這樣遠比拿著一本書要方便太多啦！所以我覺得，是要鼓勵大家閱讀，而不一定是要閱讀一本書。」

度過高潮起伏的大半生，陶傳正不論生活、工作、旅行，都相當投入，是位積極熱情的行動派。閱讀對他而言，是資訊提供、是背景參考、是延伸思考，但最重要的，還是要用生命去遊歷、經驗、體會，因為只有親身體驗過的知識才是真實的。

打開網路上的 TripAdvisor，不知道陶傳正又要奔向世界的哪一角？

陶傳正的私書房

01-《安徒生童話》（*Andersen's Fairy Tales*）作者／安徒生（H.C.Andersen）

推薦理由——因為九月要去丹麥，所以把安徒生的童話再看一遍，希望有一天我們的幾米也會被外國人看。以前有個疑問，為什麼安徒生一定要把童話寫得那麼悲慘，像是小美人魚、賣火柴的女孩，或許是他希望孩子多少能知道這個世界是酸甜苦辣都有的。

內容簡介——本書是丹麥著名作家安徒生為窮苦孩子所寫，著名的故事有〈拇指姑娘〉、〈賣火柴的小女孩〉、〈醜小鴨〉等。因作品充滿豐富想像力與濃厚的詩情及哲理，又能反映所處時代和社會生活，被譯成一百五十多種語言，也使安徒生成為世界童話文學的創始人。

02-《唐詩三百首》編者／（清）蘅塘退士

推薦理由——我需要看有註解的，唯一一本想放在身邊，沒事時翻一下的書。

內容簡介——唐詩是中國文學的代表文體之一，本書是流傳最廣的一本唐詩選集，共收錄初唐至晚唐詩人77家作品，題材廣泛，反映唐代的政治矛盾、邊塞軍事、宮閨婦怨、酬酢應制、宦海升沉、隱逸生活等311首。

03-《西遊記》作者／（明）吳承恩

內容簡介——列名古典小說四大奇書之一，堪稱中國神話小說的代表。全書根據唐朝貞觀年間玄奘至天竺取經的史實，想像為孫悟空、豬八戒、沙和尚保護唐僧西天取經、歷經九九八十一難的傳奇歷險故事。故事發展奇幻，角色天馬行空，筆調幽默風趣，間或以諷刺當時朝廷、社會上種種不平。

04-《三國演義》作者／（明）羅貫中

內容簡介——羅貫中的《三國演義》是以陳壽的《三國志》為底本，描寫東漢末年到西晉初年將近百年間，曹魏、蜀漢、東吳三個國家的興起與衰亡，和其中智士鬥智、勇將鬥勇、合縱連橫的故事。

推薦理由——這兩本書是陪伴我度過少年的讀物。

05-《藍與黑》作者／王藍

內容簡介——親身經歷戰事的作家王藍見證大時代的悲歡離合之作，被譽為四大抗戰小說之一。描述從民國二十六年抗戰到三十九年大陸淪陷，由天津、北平、重慶、上海到台灣，孤兒張醒亞、孤女唐琪、千金大小姐鄭美莊，二女一男的烽火戀情。

06-《星星・月亮・太陽》作者／徐速

內容簡介——香港著名作家徐速以抗日時期為背景的愛情故事，由三位不同個性的女性分別代表真、善、美的無邪情懷，描繪出如星星、月亮、太陽般純淨的真情世界。本書曾被多次改編成電影、電視、話劇和廣播劇，也是香港銷量最多的長篇文藝小說。

07-《風蕭蕭》作者／徐訏

內容簡介——林語堂將本書作者徐訏與魯迅並列為二十世紀中國最偉大的作家，本書出版當年更被譽為「徐訏年」。故事背景在三〇及四〇年代的上海租界，描寫中國男間諜周旋於四女之間，彼此為工作或愛情、為各人立場或使命的諜報愛情故事。

推薦理由——這三本書都是我年輕時所看過與大時代相關的愛情故事。那時候可能對國家及愛情都有很多憧憬，看時多多少少是以第一人稱來讀的，所以會有很多感覺；現在看這類小說則是以第三人稱看，所以看完就忘了。

08-《伊豆舞孃》作者／川端康成

推薦理由 ——這是我從小最喜歡的一本愛情小說。看過以後，還會想一看再看（包括電影），甚至想把他們走過的那段路走一遍，去感覺高中畢業生看到可愛小歌妓的感覺。

內容簡介 ——本篇是首位獲得諾貝爾文學獎的日本作家川端康成的成名短篇小說，也是日本文學史上抒情文學的傑作。故事藉由描述孤獨少年與流浪藝人相伴而行的短暫相處，重新體會了與人親近並且相互信任依賴的情感。

09-維基網站

推薦理由 ——可謂是電腦版的大英百科全書，雖然難免有錯，大致上還是值得參考。

內容簡介 ——維基百科（Wikipedia）由非營利性質的維基媒體基金會負責、世界各地的志願者合作編輯而成，共收錄超過兩千萬篇條目。截至2012年8月，共有兩百八十五種獨立運作的語言版本，被認為是規模最大、最流行的網路工具書。

10- Google Earth

推薦理由 ——我喜歡看地圖，Google Earth還可以看到實景，非常好用。

內容簡介 ——Google Earth是Google公司開發的虛擬地球儀軟體，它把衛星照片、航空照相和地理資訊系統布置在一個地球的三維模型上，方便讀者蒐尋世界各地的衛星圖像、地圖、地形圖、3D建築物，甚至外太空星系與海洋峽谷也包含在內。

攝影——蘇國輝

向真實人生取經

薪傳者

公益平台文化基金會董事長
嚴長壽

文——吳錦勳

嚴長壽的閱讀經驗很大程度受他父親影響，他的父親嚴炳炎是他人生的第一位精神導師。

小時候，嚴長壽便在父親強迫下背《孝經》，父親還找了一位陳爺爺向他們兄弟講解經文，一邊講還一邊教唱：「夫孝，始於事親，中於事君，終於立身……」這算是傳統的私塾，對尚在童蒙的嚴長壽，這些字句顯得高深、邈遠，他也只能有口無心地唸過去，很難說對他留有深刻的影響。

他記憶中最早的閱讀經驗，可以回溯到小學時期，那時他生了一場大病，幾乎一個月沒有到學校去，在那個空出來的時間裡，他居然懞直老實地看完了整本《紅樓夢》。「當然，我年紀尚小，又沒有什麼文學素養，坦白講，看得是模模糊糊一知半解，就是用感性來接受，為書裡的人物故事感動，」他笑說。

傳記作品涵養出少年老成

稍大解事一點後，他發現小說類的書，對他吸引力並不太大，自己並沒有那麼鍾情，促使他閱讀真正動力的，其實是傳記類的書。

他十四歲，初一、初二的時候，他的父親訂閱創刊不久的《傳記文學》雜誌，這是嚴父對於大時代的記憶，「對我父親來講，《傳記文學》談論的內容都是他曾經歷過的歷史，不管是國民人物、重要會戰、文化事件等等，於他都有切身的關係。」再加上家裡長年以來也訂閱文學家卜少夫先生創辦的《新聞天地》，這兩本雜誌便成為他主要閱讀的趨向。

嚴長壽從未識幾個大字，到可以整本雜誌仔仔細細看完，當大家沉迷於武俠及情愛小說之際，幾乎有長達十幾、二十多年的時間裡，他都在接觸、消化著這些新鮮的歷史。這對青春年少的孩子而言，是有點奇怪的，嚴長壽曾說過自己性格中有某些「少年老成」的部分，這老成的遠因，應是來自這些民國人物及父親的影響。

他回想道，「當時，我父親每看完一篇人物傳記或故事時，便當著我的面，談論他的感想，同時用自己的人生閱歷去評述、臧否人物。」這引起他的好奇，於是父親看完的人物傳記，他也馬上搶過來看，兩人互抒己見，無形中也得到父親的教誨。

上友古人

《傳記文學》裡談的人物非常之廣，他記得最早時有胡適、林語堂、曾國藩、李鴻章、吳佩孚、杜月笙……，從文人到軍閥、商賈，幾乎當年可以想得到的各式各樣國民人物都有，有時談魯迅，有時介紹老舍、巴金等文人。雖然他在高中是樂隊指揮，也是社團風雲人物，表面上很愛熱鬧，但在某方面，他也有「上友古人，和天地精神相往來」的傾向，嚴長壽說：「我可以很寬廣地認識到各種不同的人物，這是學校沒有辦法滿足我的。」

嚴長壽對學校死背硬記的課業未必讀得入心，但對這些雜誌人物卻興味盎然，「當然你會看到好比李鴻章、曾國藩各有各的算計及陰謀，但在他們的家書裡，你又發現他對孩子的叮嚀如此真誠可親，這些細節都足以讓你了解真實而複雜的人性。」之後他步步進階，從單篇文章延伸到一本本閱讀他們的生平傳記。

看了這些傳記，嚴長壽對他們的人生居然產生一種熟悉感。高中時期，因為家住南港，他還造訪不遠的汐止大尖山腳下的杜月笙衣冠塚，當他緬懷著曾經叱吒風雲的上海灘愛國商人杜月笙流風事蹟時，墓旁忽然竄出一條蛇，嚇了他一大跳。

他也常到中央研究院去看胡適故居改建成的紀念館，或到中研院對面的胡適公園。拾級而上，山坡上有一座胡適墓園，松柏成林、花木扶疏，十分幽靜，白色廊亭圍繞主墓碑牆，他常呆坐半天與胡適墳塋對望，消磨著青春的愁苦以及少年維特式的煩惱。

「我常一個人帶著書來到適之先生的墳前，在白色廊下靜心苦讀，或輕踩著地面一顆顆渾圓的鵝卵石散步，發誓要考上大學，」他挖苦自己，即使胡適「照顧」他，但他前後考了兩次大學，居然都沒考上。然而，這兩年來與胡適獨處、閱讀的時光，卻成為他畢生不可磨滅的記憶。

藝術與文學的滋潤

除了人物傳記，初中時他開始喜歡聽交響樂，也熱愛藝術，他曾借來貝多芬九大交響曲全套，有一陣子沒日沒夜地沉浸在古典音樂的世界裡。心情煩擾靜不下來時，音樂可以立刻讓他靜心，「就好像打坐一樣，音樂成為我的伴護工具」，也因為喜歡音樂，從而引導他去接觸音樂家、畫家的傳記，那時他看《貝多芬傳》、《梵谷傳》，來來回回看到滾瓜爛熟的程度。

沒考上大學，男孩子要面對的現實問題就是

"我可以很寬廣地認識到各種不同的人物，這是學校沒有辦法滿足我的。"

照片提供——公益平台文化基金會

當兵，嚴長壽一度隨部隊移防派駐馬祖東莒島（那時仍叫東犬島）服役。在當時物資短缺的外島，前途茫茫的嚴長壽，除了鎮日望著沙灘、碉堡，以及「同島一命」、「軍令如山」、「軍紀似鐵」幾個看膩的紅漆大字之外，無物可看。

他日夜苦盼家書來到，因為父親幾乎每次船期都會寄一疊雜誌跟書給他，其中必定有他最渴望的《傳記文學》與《新聞天地》雜誌，彷彿一邊咀嚼發黃的饅頭，一邊體會父親字裡行間留註的眉批，這枯燥的軍中歲月便能得到滋養。

生命引路人

從這些人物傳記中，嚴長壽建立了一個終生受用的好習慣，就是常常會易地而想，或換位思考，「如果我是他，我會怎麼做？」「如果他面對我現在的狀況，他們會怎麼做？」這些決策的推敲、模擬帶給他很多啟示，也影響他的領導風格和決策方針。

「某個意義上，人物傳記是你生命的『guidepost』（路標、指引）、一個標竿。我從他們的傷痛、血淚中，萃取了可貴的智慧、動人的真情以及人生面對無可奈何之事的釋然包容，」嚴長壽說。

所以他認為傳記文學可以幫助人超越一己當下的局面，進到別人的故事裡，「當你在茫茫大海探索生命之時，不知道自己的方向是對是錯，值此徬徨無依之際，忽然看到遠方有一個浮標，有一把定位的錨，你就把它當成你的，然後發現原來不是只有你有這樣的想法，過去也有人用這個方式堅持他自己的生命或態度，這時候你會覺得他們是你的朋友、你的導航員、你的引路人，」他誠懇分享。

因為他常向真實人生取經，所以對架空、虛構的小說無法領受。他曾跟流行看過幾本武俠，但並不吸引他；而風花雪月、小情小愛的言情小說，他更沒有絲毫耐心看。即便是世界文學名著，他也偏好傳記類，「可能是我以前比較笨拙，對隱喻、象徵等文學手法，較無法掌握，」他自嘲著。直到晚近，隨著年齡增長，他逐漸對隱喻、象徵有了更深的了解之後，才終能稍解文學之奧妙。

退伍之後，他出社會謀事，沒念過大學的他，本著「垃圾筒哲學」以及強烈的求知欲、上進心，加上自我鍛鍊，一路從傳達小弟到三十多歲當上亞都飯店總裁。這段時間他讀很多經營、管理、領導類的書籍，「這些都是輔助我管理飯店的工具書，」但是，由於嚴長壽對於知識講求「親知」、「實證」，通常都是先從飯店、服務業實務中發現問題，理出心得，再從書本得到驗證，所以，當他的經驗值夠多、夠豐富，這類管理書看到一個階段之後，便不再涉獵。

然而，早年父親為他打下的人文基礎，讓嚴長壽無形中特別尊重文學家、藝術家，對文藝懷有一種近乎本然的熱情。他在總裁任內傾力支持文藝活動，也讓亞都飯店成為台北一座極具人文氣質的飯店，更奇妙的是，年少捧讀的《傳記文學》、《新聞天地》這兩本雜誌，其創辦人劉紹唐、卜少夫兩位先生，竟然在這時間都成為他的忘年摯交。

閱讀的奇妙因緣，總與人生互相交織。

閱讀風景因人而異

嚴格說，年近古稀的嚴長壽，回首漫長人生，很難回答哪一本書給他最深的影響，因為在人生不同階段，不同的書扮演不同的角色。就像他最害怕人家問他：「你最喜歡世界上哪個地方？」或是「歐洲你最喜歡去哪裡？」這對他是很難回答的，「因為這要看你跟誰去？你要去做什麼事情？如果是跟藝術家一起欣賞名畫，你一定會去荷蘭阿姆斯特丹看梵谷美術館，或造訪巴黎羅浮宮、西班牙畢爾包。如果你熱愛音樂、歌劇，則可能會去維也納；如果你想純粹享受風景，又會去看某個海島。」

照片提供——天下文化

“旅行就像是閱讀一樣，不同的路線、不同的心情，看不同的風景，對我來說都很難加以排列比較。”

他打著比方，換另一個說法，閱讀好比是另一種旅程，導遊不同、伴侶不同、地點不同，感受便不同，到底你是一個人去？跟你最愛的人去？或是一群好友同去？都會創造不同的心靈感受，「這件事情就像是閱讀一樣，不同的路線、不同的心情，看不同的風景，對我來說都很難加以排列比較。」

前幾年，聖嚴法師圓寂之前，曾邀請嚴長壽擔任法鼓山顧問，藉此機會，他也看了不少宗教性的書，然而取用的都是能讓人心定下來的「省己」面向，或對社會有所幫助的「利他」範例。

嚴長壽說，「從這類書中，我領略到宗教家必須心無罣礙，一個真正的宗教家必須『食而無味』、『視而無覺』，世俗的物質、名望，並不影響內心。這是一個人修練的重點。」這種不受世俗影響的內心力量，就是宗教最有價值的地方。但若講輪迴、轉世等宗教超越性的部分，他因無法想像，便無法攝受。

從傳記、企管、藝術到宗教，算來一步步進階，看山看水之後，他還是偏好現實人生。數年前，嚴長壽因腎癌開刀養病之際，也利用難得的空閒，好好讀了齊邦媛老師的《巨流河》，王鼎鈞的《怒目少年》、《關山奪路》、《昨天的雲》等大河人生傳記。

藉病養志，重溫了大時代的歷史。至今，嚴長壽都從未悖離「從人物看時代、從時代反思人性」的初心，也讓他對現實事物常有超然的大思索與大格局。

只為一生一次盡情綻放

訪談中，他回想才不過幾個月前，春暖花開的時候，陽明山家中院子裡的櫻花開了，他看到櫻花從結蕾到枯敗的一系列歷程。

他語帶驚嘆地說，「你看著它，從全然光禿禿的枝枒、沒有一片葉子，到冒出點點小小的蓓苞，突然之間，在你沒有注意的時候，突如其來似的，啪、啪、啪、啪、啪一朵朵綻放了，不容爭辯、如火如荼，理直氣壯綻放到了極致；然而不久之後，氣力散盡一朵一朵凋萎。櫻花呀，其實一次花期也不過一禮拜，至多十多天而已，若用櫻花來比喻人生境界，就像是人累積一輩子、一生的能量，就為了那最後的綻放。」

那些非凡的人生傳奇，也好像櫻花一樣累積了一生淬煉的體驗、美學的素養、圓熟的智慧……，最後留下了人生可貴的故事。而我們何其有幸，在風簷展書讀的此刻，正嗅聞著她幽幽吐露的清芬。

車號
B1

贏得滿堂彩的知識庫

傳遞者

國立高雄餐旅大學旅館管理系專任助理教授
蘇國垚

文── 林宜諄　攝影── 林衍億

在淡水線捷運上，也許你會看到一位背著雙肩背包、帶著紅框眼鏡，短髮用髮膠抓了點造型，臉上有點歲月刻痕卻洋溢年輕氣息的男子，正聚精會神地沉浸在書報中——他就是國內餐旅服務業人員無人不知的「蘇老師」。

目前在國立高雄餐旅大學任教的蘇國垚，是前亞都麗緻飯店、台中永豐棧麗緻酒店和台南大億麗緻酒店的總經理。三十六歲就當上台灣最年輕的五星級飯店總經理，被譽為「飯店教父」嚴長壽的接班人，卻在四十七歲正當壯年時急流勇退，自旅館業退休，然後執起教鞭站上講台，將自己的經驗傳承給台灣的下一代。

蘇國垚從飯店最基層的櫃檯服務員做起，他抱持著「只要堅守崗位，認真做到最好的態度」，一路爬上總經理的位子。他樂於分享自己的工作哲學和人生觀，已經成為當今許多台灣年輕人的學習榜樣。

看書、看電影和旅行的閱讀

樂觀看待人生的蘇國垚，對知識總是充滿好奇，他將閱讀視為生活中不可或缺的好友，把握每個人生的片段，無時無刻都能在閱讀的世界裡優游。

蘇國垚小時候家住汐止，那時候四面環山的汐止還算很鄉下。蘇國垚的曾祖父曾在清朝當官，祖父經營煤礦開採，生了十五個小孩，兩百多人的大家族，一起住在占地兩千坪的大宅裡，儼然是當地的望族。

蘇國垚的父親是公務員，戰後在美援會上班，對許多新奇的事物都很感興趣，也勇於嘗試。隨著當時不少美援物資來到台灣，蘇國垚家裡開始出現一些美國的東西，在日本大正式的洋樓裡，可以見到留聲機，唱盤上還放著貝多芬交響樂的唱片。

蘇國垚記得，那時他常翻閱爸爸帶回來介紹古代羅馬建築的書，讓他生平第一次見識到西方建築之美。母親喜歡閱讀，家中訂閱由美國出資、香港編輯的刊物《今日世界》，以及源自美國、在香港發行國際中文版的《讀者文摘》，這兩種外來刊物的內容包羅萬象，可以一次汲取到各種有趣的知識。

這段早期的閱讀經驗，為蘇國垚後來的閱讀之路，預埋伏筆。

那時候，蘇爸爸喜歡穿著時髦的風衣，帶小孩去當時最熱鬧的西門町萬國戲院看電影，也愛利用週末假日帶他們搭親友的車四處趴趴走，或去陽明山踏青或去礁溪洗溫泉。最令蘇國垚印象深刻的是，民國五十七年他念五專時，曾跟著爸爸去高雄旅行，住剛開幕不久的華王大飯店，還包了計程車去墾丁遊玩，那是他生平第一次入住豪華氣派的觀光飯店，所以畢生難忘。

在父母親無形的影響下，長大後的蘇國垚成為雜食型的閱讀者，他的知識大探索有三分之一來自書報雜誌，三分之二則來自看電影、電視、旅行和生活觀察。

討厭填鴨式教育，從小不愛念書

小時候的蘇國垚其實很討厭念書，成績表現也平平，學生時代唯一拿到的一張獎狀，是國小三年級聽寫得滿分的獎狀。雖然他的父母為了給小孩更多的教育資源，舉家從汐止搬到台北，讓蘇國垚有機會念更好的學校，去補習或上家教，但他的功課仍未見起色。

他不愛念書，主要是因為討厭填鴨式的教育，當時學校老師只會要求學生死背知識，卻不說明為什麼，這種為升學考試而做的學習，很難引起他的興趣。蘇國垚知道他在成績上無法贏人家，但他發現，會說故事和講笑話也可以取勝，於是他開始發揮搞笑功力，還因此交到不少朋友，連老師都常被他逗得莞爾一笑。

他的父母雖然受日本教育，但教養小孩的觀念卻很開明，不像傳統的父母總是一味管教小孩讀書，或拿別家孩子的成績來比較。蘇氏大家族裡很多人書念得很好，有的考上台

蘇國垚原是因為遇到問題想找答案，
後來才慢慢變成純粹為了興趣而閱讀。

大、有的留學日本，卻不影響蘇國垚父母的態度，他們只在意小孩行為是否偏差。

五專聯考放榜時，蘇國垚的成績不盡理想，只考上淡水工商專校。父親要幫他選填志願，但當時才十五歲的蘇國垚，不知道該選哪個科系。爸爸只好改問兒子：「不喜歡哪些科目？」蘇國垚回答，數學、經濟、電腦、會計、統計，這些需要用腦筋的科目都不要。

於是，爸爸幫他選了「觀光事業科」，還告訴兒子，念這一科畢業後就是去遊山玩水，可以當空中少爺、導遊或領隊，不然就是在飯店裡吃喝玩樂。等到真正就讀之後，蘇國垚才知道被騙了，那些他不想要的科目，統統都得念。

為爭一口氣，開始認真讀書

在淡水工商求學時，蘇國垚留著長頭髮、穿著破褲子，還開舞會，就像個快樂的「嬉皮」。畢業後，女友的父母認為這個嬉皮將來沒什麼希望，很反對他們來往，便讓女兒移民美國。

為了挽回女友的心，蘇國垚決定去美國留學，父親甚至把房子賣了，資助他的學費；可是到了美國，女朋友卻說要分手、另嫁他人。失戀一度讓他非常沮喪，為了爭一口氣，二十四歲的蘇國垚開始為自己認真念書。

他在美國加州州立大學Pomona分校讀的是「旅館管理」，每天只在宿舍、圖書館和教室之間來回，偶爾跟同學去運動，假日就在圖書館打工，幫忙整理圖書、學習分類。就這樣，他苦讀了三年，學校各科成績大都不錯，只有一科無聊的「管理學」被當掉。

照著生涯規劃走，毫不戀棧

在校期間，蘇國垚就已經規劃好自己的未來生涯，他把人生平分成幾等分：二十年讀書、二十年工作、二十年教書、二十年遊山玩水。

當時他已經立志要從事旅館業，因為這個行業很活潑，可以遇到形形色色的人，交不一樣的朋友，服務別人、帶歡樂給他人，而且可以接觸許多重要人物，見證歷史事件的第一線。而且他也決定，工作告一段落後，要到學校當老師，以自己的經驗啟發和影響

現在的蘇國垚
是雜食型的閱讀者。

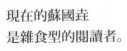

更多的學生。

後來，他果真照著自己的人生藍圖走，時間一到，離開原職務，就進入下一個階段目標，一點都不戀棧。

打開智慧之門，成為嗜讀者

蘇國垚真正養成手不釋卷的習慣，是在進入職場擔任主管後，因為遇到問題想找答案，後來才慢慢變成純粹為了興趣而閱讀。

自美學成歸國後，蘇國垚進入台北亞都工作，十年後當上了總經理，但是他覺得有點心虛。蘇國垚認為自己並不懂如何處理客人抱怨、激勵員工、做考核評估，而且身為總經理，負有教育和領導員工的責任，說話要有根據，不能信口開河。於是，他開始主動看書，想試著從書中找答案。這跟過去為了考試和文憑而念書不同，為了解決問題的主動閱讀，讓他感覺獲益良多，而逐漸養成了閱讀的習慣。

蘇國垚記得，當時他看了《獎勵員工的一千零一種方法》（*1001 Ways to Reward Employees*）和不少談溝通技巧的書，發現都有相通之處，原來學者從不同研究中找出慣性原理，只要懂得用實務印證，慢慢就可以融會貫通。像每個人都會有「情緒扳機」，只要不小心觸碰到，就會激起不悅或憤怒的情緒，了解這些原理後，他在與客人或員工溝通時就會格外小心。

在飯店服務時，經常要接觸來自不同國家、不同文化和信仰的客人。為了服務入住飯店的猶太人，蘇國垚特別買了三十多本跟猶太人相關的書，以便了解他們的信仰和習俗。像猶太人在安息日是不能工作的，這一天有許多不能進行的活動，例如不可開關電源、不可簽名、不可接電話，所以飯店服務人員在安排住房時，要盡量避免高樓層的房間，或是主動為他們按電梯樓層。從閱讀產生的了解，進而能提供貼心的服務，也因此贏得顧客對飯店的肯定。

打開智慧之門後，蘇國垚如入寶山，絕不空手而歸。他曾在台中中友百貨的紀伊國屋書店，一口氣狂掃了近四十本有關客戶抱怨的書回家。因為擔心好書會絕版，所以只要看到有興趣的書，一定立刻買回家，以免留下任何遺憾。

蘇國垚偏好「有根據」的知識書，包括科學、天文、歷史、地理和人文等領域，都是他涉獵的範圍。

他不喜歡跟著暢銷排行榜的腳步閱讀，買書時，他第一眼先看書名和封面，再看主題能不能勾起他的興趣和感覺，然後再從書摘或書評內容，決定要不要購買。他也會從是否認同作者的個性或價值觀來選書，像他很不認同蘋果電腦創辦人賈伯斯對部屬尖酸刻薄的態度，所以並不想看他的傳記。如果遇上喜歡的書，他還會買不同的翻譯版本來看，像《僕人》這本經典的管理哲學書，他就買了好幾本。

蘇國垚很堅持閱讀一定要「現買現用」，所以他會把閱讀中學到的道理，立刻應用在生活與實務上，就像他聽到一則不錯的笑話，當天就要講給別人聽一樣，因為只要用過幾次，就會內化成自己的。他相信，閱讀要為了興趣，學到就是自己的，別人拿不走，而且永遠不知道現在念的東西，哪一天會派上用場。

對考古很有興趣的他，看完《我們的身體裡有一條魚》後，便把這本科學書的菁華應用在領導統御上，並跟學生分享。

書中提到，從新發現的古化石和人體解剖中，發現陸上的動物其實是從水中的魚演化而來，人類其實就是魚的後代！

蘇國垚的解讀是，小魚的數量最多，經常被捕食，一般基層員工就像小魚一樣，只能任人擺布，最容易被淘汰；等升上領班，又是工作者，又是領導者，就像魚類進化到兩棲類，具備不同的生存力，但還是不夠，因為兩棲類會受氣溫的影響，大環境不好時一樣會被

「整個車廂大家都低頭玩手機，
只有我在看書，
就會讓我很有成就感。」

淘汰；一旦升為經理人後，具備管理領導的才能，就像從兩棲類進化為哺乳類，就具備遷徙的能力，可以因應環境轉調部門或轉行；若更上一層樓坐上總經理的位子，就像猿猴進化成為萬物之靈的人類，可以主宰整個世界。他藉此鼓勵學生追求上進，讓自己不斷進化。

自在掌握閱讀的開關

熱愛閱讀的蘇國垚，喜歡從閱讀展開一天的生活。他習慣每天購買《中國時報》、《聯合報》和《自由時報》三份報紙，利用通勤的時間快速翻閱，平常隨身背包裡也一定要放幾本書或雜誌，只要等待時間超過五分鐘，就拿出來看。

無論搭高鐵南來北往，或坐在捷運車廂裡，讀書之前他總是先環視整個車廂，看看有沒有人在看書。「這是我最快樂的時候，」蘇國垚開玩笑地說，「因為整個車廂大家都低頭玩手機，

蘇國垚的腰際總是掛著一台輕便型的數位相機，只要看到有興趣的主題，就用相機拍照存檔。

只有我在看書，就會讓我很有成就感。」

曾經有媒體採訪蘇國垚，問他平常在生活中最喜歡去什麼地方？他給的答案，居然是捷運和高鐵！因為在這裡，他可以把自己完全封閉起來，沉浸在閱讀的世界裡。

有些人看書，要先齋戒沐浴找個僻靜的地方，然後泡杯茶或咖啡，才能專心進入書本的世界，但蘇國垚不需要這些「儀式」，他隨時隨地都可以閱讀。問他為什麼可以不受外界影響？他回答，只要把周遭的事物變成無趣化，想到要做自己覺得好玩、有意義的事情，就可以馬上進入閱讀的專注狀態。

蘇國垚已經掌握閱讀的開關，因此能自在優游於書海之中。他習慣在遇到思考的瓶頸時，找些不相干的書來看，常常靈感就不小心蹦了出來。

他可以同時閱讀好幾本不同主題的書，或是從一本書的主題延伸閱讀到另一本書。因為習慣從頭看到尾，不精采的地方看得特別仔細，所以閱讀速度並不快，每看完一本書，他還會在心裡暗暗為自己鼓掌。

凡閱讀，必留下痕跡

蘇國垚不僅閱讀，也同時做知識管理，因此閱讀過後一定都會留下紀錄。看書的時候，發現好的理論、觀念或字句，他會在書上劃線，甚至在空白處寫下眉批和當下的感覺，然後在最末頁記下讀完這本書的日期。

他也喜歡看雜誌，因為雜誌的內容包羅萬象，可以同時吸收許多資訊和知識。如果是好文章偏多的雜誌，他會把不需要或不喜歡的文章、廣告直接撕掉，其餘整本保留；如果裡面只有幾篇好文章，他就直接撕下想要的部分，其餘丟掉，如此就可以節省儲藏的空間，而且方便以後尋找。

蘇國垚在飯店工作時，公關部門每天都會將旅館相關新聞做好剪報，送給他批閱，離開飯店後，他便自己動手做剪報。以前，他把過期的信用卡剪去一角，貼上刮鬍刀片做成簡易割刀，放在皮夾中隨身攜帶，看到報章雜誌上有想保存的文章，便可隨時割下來，回家再貼上A4大小的紙存檔。現在，他的腰際總是掛著一台輕便型的數位相機，只要看到有興趣的主題，就用相機拍照存檔，然後上傳到電腦硬碟裡，一有空就分類歸檔。

他將留學時在圖書館打工學到的分類方法，應用在自己的知識管理上。他以主題和產業來分類，例如分為管理、餐飲、客房、客訴、旅行和健康等主題，以及餐飲、旅館、汽車、航空等產業，不斷蒐集和累積形成資料庫，每年重新檢視、去蕪存菁地淘汰一次。

這龐大的知識庫，目前已經有超過兩百個分類夾。多元而生動的內容，成為他在學校上課或演講時的最佳教材庫，每每讓學生和聽眾聚精會神地聆聽、思考，並產生極大的共鳴。因此，在高雄餐旅大學，蘇國垚的課堂總是學生滿滿，外面的演講邀約更是終年無休。

按照蘇國垚的生涯規劃，再過幾年，他就要從高雄餐旅大學卸下教職，進入「二十年遊山玩水」的階段。過去經常到國外出差旅行，其實已經「環遊世界」過一圈的他，已經想好將來要拜訪的國家和城鎮，像「印加帝國古城」祕魯的馬丘比丘，就是他的首選。「旅行，會讓你更珍惜目前所擁有的一切，」蘇國垚認為。

從閱讀書籍雜誌、電影到旅行，蘇國垚豐富了自己的精采人生。■

Hard Rock
trick
TAIPEI
Davidoff
國立高雄餐旅大學
蘇國垚
HongkongBank

WOW!
Zappos
Zappos

Hard Rock

蘇國垚的私書房

01-《WOW! Zappos不思議》(*The Zappos Experience*)

作者／約瑟夫・米其里（Joseph A. Michelli） 譯者／張美惠

推薦理由——這本書將Zappos如何以反傳統的方式，從找對員工、教育員工、善待員工、充分授權，進而相信客人，以客為尊，最後提供超越客人期待的服務，造就Zappos成為網購鞋王公司，值得所有專業經理人參考。

內容簡介——暢銷商業書作者米其里在本書中，分析Zappos十年內就和雅虎、亞馬遜、eBay等並列的經營特點：建立公司價值觀的基礎、創造輕鬆的顧客經驗、真誠與顧客建立連結、促進員工與產品一起成長、認真玩樂，努力工作，以「追求快樂、不落俗套」的企業文化，改寫企業經營的模式。

02-《天地有大美》 作者／蔣勳

推薦理由 ——蔣勳老師的著作很多，我最喜歡這本書。蔣老師告訴我們如何以正確的生活態度，從日常生活中、自己周遭的人事物中看到不尋常的美。看完此書，相信你會更知足快樂，生活品質也會隨著提升。

內容簡介 ——美學作家蔣勳在本書中公開自己力行生活美學的體驗與心得，將美拉近到食、衣、住、行的生活細微面，讓大眾從中學習美感，伸展感知觸角，尋得心靈釋放和寧靜。

03-《百年思索》 作者／龍應台

推薦理由 ——我曾經跟作者龍應台女士本人說，這本書是我每個學年拿來勉勵新生的好書。除了書中論及中西百年來的演變比較，值得令人省思外，序中作者勉勵台大學生，不只要追求專業上的成就，更不可不知學習歷史、文學與哲學的重要。是可以經常拿出來再看看的好書。

內容簡介 ——繼十多年前《野火集》引起廣大讀者迴響之後，作者在本書中以寬廣的角度解析中國現狀的實情、展現西方文化的現況、針砭台灣時事；並期勉年輕人需具備文學、哲學、史學的人文素養，才能擔當重估時代價值的重任。

04-《舊約聖經》

推薦理由 ——不是信仰的問題，而是這世界，除了受印度教、佛教、道教影響的文明外，大部分的文明都受猶太教所創的一神教的影響。《舊約》是猶太教、天主教、回教、基督教的共同宗教起源。要想成為國際人，必須熟知《舊約》中的各個人物及故事。

內容簡介 ——《舊約聖經》是基督教對《聖經》全書前一部分的常用稱呼，通常被分類為摩西五經（梅瑟五經，又稱律法書）、歷史書、詩歌智慧書和先知書四部分。從摩西帶領以色列人出埃及時開始撰寫，直到耶穌降生前大約五百年完成，前後經歷大約一千年。

05-《論語》 作者／（春秋）孔子

推薦理由 ——從小念背那麼多的「子曰」，卻一直到了當上總經理才體會到《論語》的厲害之處。竟然在兩千多年前孔子就能教導我們修身、齊家、治國、平天下的道理，身為華人更是要看《論語》。

內容簡介 ——《論語》是記錄春秋時思想家兼教育家孔子和其弟子及再傳弟子言行的匯編，為儒家重要的典籍之一。內容包含對儒學道理嚴密而體系性的論述與整理，也涉及政治、教育、文學、哲學以及立身處世的道理，是了解孔子與儒家思想的必讀經典。

06-《梅迪奇效應》（*The Medici Effect*）

作者／約翰森（Frans Johansson） 譯者／劉真如

推薦理由 ——這是我演講時推薦最多的一本書，異領域的衝擊會帶來驚喜的結果，書裡更教導讀者如何用不同的方法找靈感，是可以幫助各行各業的人逃離模仿風氣的一本好書。

內容簡介 ——「梅迪奇效應」一詞，指稱文藝復興時代梅迪奇家族架構了利於各種活動進行的平台而促成創意勃發的現象。哈佛大學企管碩士兼企管顧問約翰森，運用鮮活的故事，說明在企業、科學、藝術與政治等差異極大的領域中，善於創新發明的人如何引發觀念爆炸，進入「異場域碰撞的交會點」，並將構想變成突破性的創新。

07-《全心待客》（*Setting the Table*）作者／丹尼．梅爾（Danny Meyer） 譯者／顧淑馨

推薦理由 ——紐約最成功的餐廳經營者分享他經營餐廳的成功之道，闡述服務與款待有何不同，非常有啟發性。

內容簡介 ——本書詳述連續七年獲選「紐約最受歡迎餐廳」的經營者梅爾的發跡過程，及其經營之道。書中提出許多關鍵思考，包括如何創新、如何設定並改進獨特的策略、成功整合企業與社區等，供創業者和經理人參考。

08-《哈佛最受歡迎的行銷課》（*Different: Escaping the Competitive Herd*）

作者／揚米．穆恩（Youngme Moon） 譯者／羅雅萱、吳四明

推薦理由 ——從客人的需求角度，逆向思考出一套不同的產品定位及行銷手法。書中舉了許多成功的例子，大公司、小企業皆可參考，甚至於可以運用到塑造個人風格上。很有趣的一本書，可以激起讀者另類的思考模式。

內容簡介 ——哈佛商學院企管研究所教授穆恩的啟發人心之作。書中從「評論近身肉搏的商業世界」，到「慶祝不參與競爭的玩家」，進而「反思行銷不應脫離人性」，引用大量商界成功實例，如Google、蘋果、IKEA、Swatch等公司，在逆向操作、跨界演出與反市場而行三個方向，如何異軍突起。

09-《你一定愛讀的極簡歐洲史》（*The shortest history of Europe*）

作者／約翰．赫斯特（John Hirst） 譯者／席玉蘋

推薦理由 ——要搞懂一個國家的歷史已經不簡單了，何況是數量眾多、宗教複雜、種族多樣的歐洲史，但光看「極簡」兩個字就會讓人興奮不已，而且看完了對整個歐洲現況如何演變而來的，也會有充分的了解。

內容簡介 ——本書共分為八個章節：前兩章勾勒出歐洲的完整歷史；後六章，另從政府型態、語言、百姓生活等六種不同角度，再將歐洲歷史重述一遍。全書取材活潑，短時間即可了解今日歐洲文化的淵源與發展。

10-《為什麼男人不聽，女人不看地圖》

（*Why men don't listen & Women can't read maps*）

作者／亞倫・皮斯、芭芭拉・皮斯（Allan Pease & Barbara Pease） 譯者／羅玲妃

推薦理由 ——男人和女人在行為上、認知上，為何有這麼多的差異？原來是自遠古時代長久以來，兩性在生活工作分配上不同而形成的。看完這本書，會對異性因理解而提高許多包容度，很有趣的一本書，看的時候常會OS「原來如此」。

內容簡介 ——本書為肢體語言專家亞倫・皮斯與皮斯國際訓練中心總經理芭芭拉・皮斯，為兩性相處的解密之作。書中提出科學數據、實例、精心設計的實驗，從大腦結構探討男女不同的認知差異、戀愛觀念、同性戀的形成等，皆因賀爾蒙差異所造成。

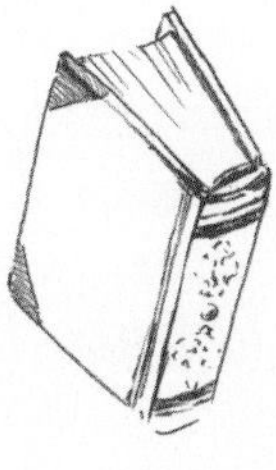

悠遊理性與感性之間

連 結 者

趨勢教育基金會董事長兼執行長

陳怡蓁

文── 彭蕙仙　攝影── 陳宗怡

「閱讀讓我們夫妻的關係更親密，因為我們對彼此的認識更深了。」趨勢教育基金會執行長陳怡蓁笑得開懷：「張明正（趨勢科技創辦人、陳怡蓁的先生）每次看到我在讀什麼新奇有趣的書，起先總是說，這有什麼好看的啦，但是看我讀得津津有味，就跟著我一起讀；讀著、讀著，我們之間就有了說不完的話題，因為我們會不斷地討論讀書心得，藉此也看到另一半更多不同的面向，理解了對方一些過去沒有認識到的想法。」

共讀給了陳怡蓁和張明正一次又一次的機會，進入另一半的生命、思想的幽微深處。

為愛轉彎

閱讀對陳怡蓁來說，是一件再自然不過的事，「我從小可以說是在書堆裡長大的！東方出版社的世界文學名著、傳記，成套成套地讀，」陳怡蓁說，她真的好感謝各個出版社，出版了那麼多好書，餵養了她的心靈，讓她成為——以現在的流行語來說，就是所謂的「文藝少女」吧！

然而，因為遇到了生命中的另一半，兩人一同創業，陳怡蓁的閱讀竟徹底轉了一個大彎，進入與「文青」完全不同的領域；只是，陳怡蓁心裡那個藝文的種子仍沒有忘記要發芽、開花，等到她從忙碌的職場第一線轉換跑道，陳怡蓁的閱讀生命也進入到了第三個階段，與她真正醉心的文學、藝文又接上了線，「現在的我可以讀得更多，也可以為閱讀、為文化和藝術做得更多。」

被美國《財富》雜誌評選為亞洲最酷高科技公司的趨勢科技，是台灣創業的奇蹟，甚至有人說是神話。陳怡蓁不諱言，走過辛苦創業路所累積的資源與生命歷練，讓她得以透過閱讀，更深刻地認識自己，也更有能力與人分享，「說起來，這還跟我沒有真正實現自己年輕時候的夢想有關呢。」

《紅樓夢》，作家夢

台大中文系畢業的她，從小就懷抱著「作家夢」，也大量接觸經典文學，國一時讀《紅樓夢》，似懂非懂間，也略略體會了文學之美。陳怡蓁記得，她迷《紅樓夢》迷到上課都在偷看。有一次校長巡堂發現了，把她叫到校長室，當時陳怡蓁好緊張，心想，上課偷看小說被校長抓包，肯定是要被處罰了。

懷著忐忑不安的心，陳怡蓁走進校長室，卻只見校長一臉笑咪咪的，再往桌上一看，嘿，還有一杯散發著清香的熱茶呢，「給妳的。」學校裡有孩子那麼喜歡古典文學，校長感到很開心、很欣慰，「以後妳每天中午就來校長室讀吧，校長陪妳。」

就這樣，陳怡蓁有了一個十分友善、帶著來自長者讚許的文學啟蒙經驗，這對她日後持續地往文學的道路前進，應該是有著正面的鼓勵吧！如果，當時校長把她叫起來罰站，或是喝斥她不可如此，這在一個正要展開對文學探索的青春心靈裡，會留什麼樣的影響呢？幸好這樣的事並沒發生，陳怡蓁流露出感恩的表情，「喔，我很幸運啊。」

陳怡蓁說，她是跟著祖父母在一個大家族中生活、成長，「讀到《紅樓夢》裡頭那些複雜的人際關係、人性糾葛頗能感同身受。」那時候的她還常常把現實生活裡遇到的人事物與小說連結，發現某某某不正是王熙鳳嗎，另一個某某某好像是襲人喔……「如此，不但讀起小說來特別有興味，對日常生活裡的種種際遇，也多了幾分理解甚至於諒解。」

「後來我又讀了不知多少遍《紅樓夢》，」而隨著年紀增長，加上日後對心理學的深入研究，以及進入修行之路，陳怡蓁對《紅樓夢》也有了更多層次的感受。年輕時曾覺得賈寶玉的結局很悲哀，真心所愛的人死了，而那個他終需辜負的人又何錯之有呢？人生怎麼這樣無奈啊！「慢慢才懂了，《紅樓夢》最後那句『好一似食盡鳥投林，落了片白茫茫大地真乾淨』，其實是超脫了凡塵俗世的情愛牽掛，已是生命的另一個境界了。」

“我發現，
過去自己的閱讀多偏感性，
或許我可以透過不同的閱讀，
開發自己理性的層面，
認識更多自己原來所不知道的自己。”

因為對《紅樓夢》的喜愛，爾後陳怡蓁也在所經營的企業裡推動文學朗讀，讓更多人用不同的方式接近經典文學。

不過，這已是她和先生攜手創業多年之後的事了。在此之前，愛情讓陳怡蓁的人生進入到一個與過去完全不同的領域，她的閱讀方向自然也有了巨大的改變。

企業管理閱讀時代

「我一頭栽進了科技、企業經營管理的世界裡，」陳怡蓁說，因為創業，她必須快速且大量地吸收相關的知識及資訊，所以她花了很多時間閱讀這個過去並沒有太多涉獵的領域；而且網路世界變化快速，單單閱讀書籍似乎已經不夠了，陳怡蓁認為還必須要閱讀相關的期刊、雜誌才行。

有一天，她在睡前閱讀時，猛然發現手上拿著一本*Network Computing*，心裡不禁有些難過，覺得自己怎麼會「淪落」到睡覺前還要讀這些冷硬的東西？那些美麗的文學去哪了？

但轉個念頭，自己既然已經和先生共同創業，當然要承擔起相當的責任，要吸收新知、要了解業界脈動，甚至領先、創造業界趨勢，「閱讀」是必要的，因為這提供了重要的養分。如此一想，陳怡蓁倒也就能夠安然悠遊於這個以各種數字、標準所考核定義的世界，「慢慢地也有了不同的體會。」

陳怡蓁發現，這個世界相對清明、邏輯化，與文學的曖昧很不相同，這一比較起來，「我發現，過去自己的閱讀多偏感性，或許我可以透過不同的閱讀，開發自己理性的層面，認識更多自己原來所不知道的自己。」帶著好奇心與對知識的饑渴，以及實際在經營管理工作上的需要，陳怡蓁更深地進入她的「企業管理閱讀時代」。

深入層次，確立願景

在企管方面的閱讀，陳怡蓁說，她在《第五項修練》裡學習到了「看事情的層次」。

當社會或企業組織裡發生了一件事，常常是鬧得亂哄哄的，每個人都有自己的一番見解，然而，大部分的人往往只停留在看「事件」（event）的層次，也就是只能看到事情的「已然」。

但是一個管理者應該往上一個層次看到「型態」（pattern），也就是說，要能夠觀察並且思考：像這樣的事發生時，有沒有呈現出一定的特性、樣貌？然後要歸納出一些原則，如此更能建立管理的規則。而領導人則要更進一步看到「結構」（structure），從更大的格局去清楚了解問題的來龍去脈，並從組織結構的規格（scale）尋求解決之法。

由此，更重要的是，領導人要確立「願景」（vision），並且在組織裡分享，獲得組織成員的認同，如此方能連結眾人，發揮「眾志成城」的力量，領導人也才能夠帶著整個組織往前邁進。

彼得・聖吉的這番分析，真讓陳怡蓁豁然開朗，有一種深獲我心的感動。原來管理的核心的確並不是、或不只是「KPI」（關鍵績效指標）、「EPS」（每股盈餘）之類冷冰冰的數字，「管理其實更應該是與人心、人性、人情的對話，」陳怡蓁說，管理看來是要解決組織所碰到的問題，但其實真正要面對的是人，那麼，管理就該以人為本，與人連結才可以有效達成管理的目標！

管理其實更應該是
與人心、人性、人情的對話。

彼得・聖吉後來的著作《第六項修練——群體執行力》，強調學習必須靠練習，並與人相互激盪、激發出眾人的熱情；陳怡蓁發現，彼得・聖吉的思想愈來愈趨近與自然相合，重視「道德領導」，這讓陳怡蓁在企業經營管理的實務經驗、在心理學和文學多年的涉獵，有了完整的結合。

與老莊哲學相應的企業管理

陳怡蓁理解到，一方面績效管理需要建立問題導向型的制度性評估指標，另一方面，管理者、尤其是領導人卻要跳脫問題意識的捆綁，不能只陷在由數字所構築的競爭力、技術指標裡，而要懂得「順應人心」，以同理心激勵成員，集合眾人的資訊，成為集體的智慧，這才是最有力量的領導。

陳怡蓁心儀老莊思想的教導：人應該順勢而為，水到自然渠成，時候到了，事情終會成就。她很驚訝也很敬佩彼得・聖吉這樣一位西方的企管大師，其思想脈絡最後竟與東方的老莊哲學相應相合。這讓為了經營企業而在閱讀上轉了一個大彎的陳怡蓁，又得以重新回到中國傳統文化與文學裡尋找生命、甚至是企業經營的思想啟發。

當冰冷的數字遇上了人性的溫度；當源自西方、強調績效至上的企業經營管理學理論，遇上了順天應人、自然無為的生命態度，陳怡蓁的閱讀如同從「看山不是山」的分歧扞格，進入了「看山又是山」的融合觀照，至此，她的閱讀又有了一番不同的風光。

科技業首位「文化長」

二〇〇四年，張明正將趨勢科技CEO一職讓位給陳怡蓁的妹妹、多年來一同打拚的陳怡樺，而陳怡蓁自己則由行銷總監到負責趨勢科技的全球人事到成為趨勢科技的「文化長」和「趨勢教育基金會」執行長。在高科技公司裡設「文化長」這個特殊的職務是陳怡蓁的創舉，「我希望能為文化多盡些灌溉之力。」

事實上，陳怡蓁過去在負責人事工作時早已體會到，要把這個工作做好，就要把兩個領域做很好的連結，其一是以數字如薪資、利潤為主的硬體人事制度，另一個部分則是軟體的，也就是所謂的企業文化。

陳怡蓁說，趨勢科技有個經營的「核心三角」：張明正的特質是「改變」（change），陳怡樺的特質是創新（creative），而她自己的特質則是溝通（communication）。因此，在成為文化長之前，陳怡蓁多年來早已默默地在做著與企業文化有關的事，在各式各樣的會議裡，她以真誠的心意與創新的方式，和公司成員溝通、建立共識、凝聚向心力。

《哈佛商業評論》曾指出趨勢科技是個跨國（transnational）的企業，為什麼能夠做到這點？陳怡蓁認為正是因為趨勢有「企業文化」，或者說是「建立了可以溝通的文化語言」。

「我一直都在做文化的工作，」例如，她會對外國員工談論老莊學說和思想，對東方員工則引述愛因斯坦曾講過些什麼，「我發現科技人對文化也有嚮往之情。」

與文化夢想相遇

陳怡蓁笑著說：「退休後，我們選擇了不一樣的道路，繼續人生下一個階段的追求。」

張明正將生命第二春的重點放在當時台灣還不算太熟悉的「社會企業」，將慈善事業與企業經營結合起來；經營良好的社會企業可以自給自足，不一定需要外界不斷投入資源幫

“我希望能為文化多盡些灌溉之力。”

助，可以培養、提高參與者（或一般公益團體的受助者）的自信心、尊嚴甚至自立更生的能力；從某個角度來看，社會企業也是一個對需要者賦權（empowerment）的過程。

張明正指出，從經營商業到社會企業，自己所要思考的問題也從「這一季要有什麼成果？」轉換成：「這一生要有什麼成果？」可以說，看得更長遠、想得也更深刻了。

始終相信「人可以從工作上退休，但無法從人生中退休」的陳怡蓁，則透過「趨勢教育基金會」，與自己內心深處沉潛已久的「文化夢想」相遇。

「年輕時我有一個創作夢，加上自己念的是中文系，總想著要成為一個作家，寫出偉大的作品。」但隨著年歲慢慢成長，讀過了那麼多精采的各家名著，陳怡蓁有了不同的體悟，她放下了成為作家的夢想，而努力讓基金會成為更多創作者圓夢的平台——陳怡蓁為趨勢教育基金會設立的年度目標，就是要栽培本土作家，讓文學走入更多民眾的生活中。

陳怡蓁帶著自我解嘲的口吻說，若是當年執意留在文學的領域裡，或許只是讓這個世界多了一個三流的小說家；但是因為走了一條不同的路，如今回過頭來，反而可以用在企業經營得到的經驗與收穫來回饋文化與文學。

「這也是我另一種圓夢的方式啊，」陳怡蓁說她要用企業的力量，找回文化的驕傲。

陳怡蓁因緣際會認識了作家白先勇，因而有機會參與並贊助白先勇製作的崑曲大戲《青春版牡丹亭》和《新版玉簪記》等名作巡演。

素有「東方《羅密歐與茱麗葉》」之稱的《牡丹亭》，是明朝劇作家湯顯祖的傳世之作，分為〈遊園〉與〈驚夢〉兩摺，描述太守之女杜麗娘到後花園春遊，見斷井頹垣，頓起傷春之感；回到房間後，在夢中與書生柳夢梅至後園相會，定情纏綿，夢後情傷而死。白先勇的小說《臺北人》裡有一中篇〈遊園驚夢〉，以意識流手法將〈遊園〉、〈驚夢〉的情緒與氛圍融入情節中，小說並曾改編為電影與舞台劇。

陳怡蓁提到，因為趨勢科技在南京當地有個研究基地，因此《青春版牡丹亭》在南京演出時，她邀請公司裡的三百位工程師去看戲，一連看了三個晚上。

結果這些「科技人」都非常感動，「還有工程師寫信給我，謝謝我給他們這個機會認識自己的文化，」陳怡蓁形容，那種感動不只是看了一齣很好的戲，而是發現「原來我們的文化竟是如此之美」的感動；她還說，趨勢科技的同仁看了《牡丹亭》之後，對公司有了更高的認同感，「因為覺得趨勢真的是一家與眾不同的企業，心裡頭挺驕傲的。」

「重返文化」的陳怡蓁還擔任天下文化「文化趨勢」書系的總編輯，首推《牡丹亭》三書：《驚夢・尋夢・圓夢》、《奼紫嫣紅開遍》，以及《曲高和眾》。此外，她還在中廣主持「藝文FUN輕鬆」節目，與聽眾分享、體驗有深度又有意思的藝文大小事。

醉心古典文學

做為文化叢書總編輯與藝文節目主持人，陳怡蓁在文學方面的閱讀也變得更為廣泛。

她以自己的世代為基準，將閱讀台灣文學分成三個階段：第一個階段是閱讀白先勇、黃春明、陳映真、陳芳明等前輩作家的作品，有一種「追憶似水年華」般的嚮往之情；其二是閱讀同輩作家張大春、朱天心等作家的作品，有著「相似的呼吸頻率」的自然親切；第三個階段則是閱讀年輕一代作家的作品，「時代解嚴了，大環境上沒有太多需要對抗與突破的威權，作家開始花比較多的力氣與自己對話，用大量的文字書寫微小的事情。」陳怡蓁說，帶著濃厚個人色彩的「私小說」帶給她全新的閱讀經驗，雖然不一定會有太強烈的感動，但也有一種「喔，原來他／她（作家）是這麼看這個世界」的新鮮感，「和年輕的創作者一同經驗他們的私密生活與微觀世界，讓我覺得自己也沒有過時。」

> 我要用企業的力量，
> 找回文化的驕傲。

中文系出身的陳怡蓁最愛的自然還是古典文學，一套兩冊的《葉嘉瑩說詩論詩》套書，包括《迦陵說詩講稿》、《迦陵論詩叢稿》，是她現在正在閱讀的床頭書。陳怡蓁說，葉老師是中國古典文學專家，對詩人複雜而敏感的內心世界，有著細膩的解讀，陳怡蓁特別喜歡葉嘉瑩對杜甫的評析，「讓我更深地認識杜甫這位『人民詩人』。」杜甫處於動盪的時代，他在自己的孩子餓死後，竟還能夠發出「安得廣廈千萬間，大庇天下寒士俱歡顏」的願望，「如此大愛，讓我感動再三。」

看來，即使經歷過商場上最嚴酷的人性考驗；即使創立了「華人心理治療研究發展基金會」並擔任董事長，長期投入對榮格心理分析的研究；即使修行多年——對社會、對人性、對人心，陳怡蓁仍有著極深的牽掛與繾綣不捨；閱讀帶她去到的地方，應該不是白茫茫的空曠大地，而是熱血熱情的彩色理想國。

陳怡蓁的私書房

01-《紅樓夢》作者／（清）曹雪芹

推薦理由——這部中國古典小說的傑作，蘊涵了愛恨、悲歡、興衰、榮辱，深刻描寫富貴生活的瑰麗，創造了價值極高的中國美學，但也道出人生如夢的虛無。其中的人情世故，不管在人生的哪個階段閱讀，都能有很多感悟。

內容簡介——本書是清代文人曹雪芹家道中落後感懷身世之作，以賈寶玉和林黛玉的愛情為主線，寫出賈府由興轉衰的過程。書中包括文學、民俗、語言，甚至音樂、美術、烹調、醫藥等豐富的資料，更衍生出後世的「紅學」研究，堪稱中國古典小說的巔峰之作。

02-《美的歷程》作者／李澤厚

推薦理由 ——作者從原始遠古藝術的「龍飛鳳舞」，殷周青銅器藝術的「獰厲的美」，或是宋元山水繪畫以及詩、詞、曲各具審美三品類等等的文藝表現，提出諸多重要觀念及美學上的重要議題，最後並告訴我們：俱往矣。美的歷程卻是指向未來的。

內容簡介 ——本書從原始遠古藝術與殷周青銅器藝術之美、先秦理性精神的「儒道互補」，到漢賦與畫像石之「浪漫主義」、魏晉的「人的覺醒」、六朝唐宋佛像雕塑、宋元山水繪畫、明清時期小說戲曲等等，對中國數千年藝術、文學的美學發展與流變做了概括的描述。

03-《蘇東坡傳》作者／林語堂

推薦理由 ——我最愛東坡，我想他也是很多人的最愛吧。他的詩詞不僅耳熟能詳，書法〈寒食帖〉更是傳世珍寶，加上著重意境的畫論，深深影響中國文人畫風。他的散文策論氣魄非凡，開創豪放新氣象。蘇東坡的人生展現了儒釋道融為一體的哲學。

內容簡介 ——蘇東坡堪稱是中國文化最著名的代表人物之一，學貫中西的林語堂先生用幽默的筆調，以童年與青年、壯年、成熟、流放歲月四卷，細數蘇東坡一生與家人、兄弟、高僧、名妓的關係，個人的文藝創作、政治環境中經歷的王安石變法、流放地方的艱辛仕途，亦囊括其中。

04-《葉嘉瑩說杜甫詩》 作者／葉嘉瑩

推薦理由 ——葉嘉瑩先生是著名的國學大師，自幼學習古典詩詞，任教生涯長達六十五年以上，擅長中國古典詩詞及中西文藝理論。她在本書中以〈秋興八首〉為例，展現了杜甫詩歌之集大成，在葉先生生動優美的語彙中，更能體會杜甫獨特細膩的詩感。

內容簡介 ——本書為葉嘉瑩教授結合杜甫的生平與自己對於詩歌的理解，深入講解杜甫具有代表性的作品，尤其對〈秋興八首〉，先後選輯了自宋迄清的杜詩注本五十三家，不同版本七十種，考訂異同，為杜詩研究的重要參考。

05-《新台灣文學史》 作者／陳芳明

推薦理由 ——政大台文所陳芳明教授以十二年的時間，完成這近五十萬字的巨作。評論日據時代以來台灣社會各時期、各階段的文學發展，詳細的作家、作品述評，以及後殖民理論的文學觀點、論述。欲了解台灣百年文學的發展，此書不可不讀。

內容簡介 ——作者將台灣新文學的開展過程劃分成殖民、再殖民、後殖民三階段。從流離文學到在地文學，從階級議題到性別議題，從漢人書寫到原住民書寫，左翼文學、皇民文學、反共文學、鄉土文學……，一一羅列。同時附錄台灣文學史大事年表，扼要記載台灣文學的發展面貌。

06-《趣味的甲骨金文》作者／游國慶

推薦理由——現今我們熟悉的漢字，係從甲骨文、大篆、金文、籀文、小篆，至隸書、草書、楷書等的文字演變而來。本書特從甲骨與金文中，選取至今常用且富趣味的四百餘字，簡述其構字緣由與意義之演繹變化，漢字的趣味與意境盡在其中。

內容簡介——本書是故宮器物處負責器物銘文、漢字博物館計畫的副研究員游國慶，從甲骨與金文中選取四百餘字，以一字一頁的編排方式，先根據字形解說，再羅列歷代形體書跡，並搭配故宮收藏全彩文物圖片，讓讀者從書法名蹟中，認識漢字從甲骨「契文」與銅器「彝銘」變為線條空間的書法藝術。

07-《邊界》作者／陳義芝

推薦理由——義芝是我相當欣賞的現代詩人，溫文儒雅中又帶著浪漫與悲傷。陳芳明老師認為他的詩：拘謹卻雍容有度的風格，帶來了無盡的喜悅。這種詩風很難命名，稱之為邊界詩風。他的詩集，就如同他個人情感一樣地真實。

內容簡介——本書收錄詩人陳義芝自2003年以來的新詩創作，並搭配詩人陳育虹拍攝的彩色照片。作者原為國小、國中教師，二十一歲時和詩友創辦《詩人季刊》，曾為《聯合報・副刊》主任，現為師大國文系副教授，教授現代文學。

08-《第五項修練》(*The Fifth Discipline*)

作者／彼得．聖吉（Peter. M. Senge） 譯者／郭進隆、齊若蘭

推薦理由——本書被《哈佛商業評論》評選為七十五年來最具影響力的管理書籍之一。「學習型組織」與「系統思考」的理念因彼得．聖吉的親身實踐與大力推行，而得以落實。他把系統理論的抽象觀念轉化為工具，變成可以確切實行的方法，這是他與其他學者只講究理論大不相同的地方。

內容簡介——被美國《商業週刊》尊為新一代管理大師的彼得．聖吉，在書中提出「系統思考」為建立學習型組織的鷹架，並以其為第五項修練，若能將自我超越、改善心智模式、建立共同願景、團隊學習這另外四項修練灌注其中，組織便能釋放出潛藏的巨大能量。

09-《讓天賦自由》(*The Element: How Finding Your Passion Changes Everything*)

作者／肯．羅賓森（Ken Robinson）、盧．亞若尼卡（Lou Aronica） 譯者／謝凱蒂

推薦理由——你的夢想是什麼？它也許是心田裡的一方淨土，偶爾踏入就心曠神怡，找到了力量繼續應付紅塵滾滾。但肯．羅賓森則告訴你，如何讓夢想活出自己，四個關鍵問題：天資、熱情、態度及機會，只要你願意，就能找到自己的天賦。

內容簡介——被譽為「世界的教育部長」的國際知名人力資源專家肯．羅賓森爵士，在本書中以近六十個真實感人的故事，顛覆傳統的思考模式，引導讀者找出與熱情結合的專屬天賦及實踐管道，及該如何用正確的態度面對際遇，跨越年齡的限制，活出天命人生。

10-《榮格自傳——回憶・夢・省思》(*Memories, Dreams, Reflections*)

作者／榮格（C.G. Jung） 譯者／劉國彬、楊德友

推薦理由——本書是分析心理學大師榮格豐富的畢生回憶錄。榮格說：「生命就像以根莖來延續生命的植物，真正的生命是看不見、深藏於根莖的；露出地面的部分只能延續一個夏季，然後凋謝。然而，我從未失去的是埋藏於內心深處的潛意識，它持續地在永恆的流動中生存；我的夢境、各種幻覺猶如火紅的岩漿，於是，我欲加工的生命在其中被賦予了形狀。」

內容簡介——榮格在八十三歲時寫下這本自傳回憶錄，記錄他的童年、中學、大學時期及後期思想，與對精神病治療、佛洛伊德理論、潛意識等方面的理解，藉由敘述一生中所經歷的外在性事件如何引發內心體驗，來解析自己。

在閱讀的路上看見光

分享者

天下文化總經理

林天來

文── 李桂芬　攝影── 林衍億

白色屏幕上打出大大的黑字：生命是一種選擇。

講台上，天下文化總經理林天來正在分享他的生命經驗，留著俐落幹練的平頭、簡單的白襯衫熨得平整筆直，他在風趣親切的演講中，話鋒突然一轉，「但是，做選擇之前，你有沒有能力重新想像自己的人生？」

這是他近年來累積上百場演講中的一場，台下的聽眾，一如之前所有聽林天來演講的人一樣，嘴角含笑，眼神卻凝注而激動。即使那些主動來聽第二次的人，也是如此。

林天來是台灣出版界的傳奇，不只因為他擔任重要出版公司總經理職位多年，推動了一本又一本的暢銷書，也因為他自己的人生，從學校工友到文化事業的專業經理人，真實而有力地印證了閱讀的力量，激勵了人心。

生命是一種選擇，而選擇的能力便來自閱讀。生命需要重新想像，想像的能力也來自閱讀。

土與士之別

台灣早期的花蓮鄉間，經濟開發的觸角尚未延伸到這裡。林天來就生長在這樣的鄉下，沒受過學校教育的父母以打零工為生，又生養了九個小孩，家計實在困難。

有一晚，他貪著夜深人靜，點亮了飯桌上的小燈埋頭讀書，半夜醒來的父親走出房門，看到這一幕，一語不發，拿起牆角的棍子往他頭上一掃，哐一聲，燈碎了。黑暗中的他即使百感交集，卻也瞬間理解，因為他這一開燈，家裡沒有錢繳電費了。

他從懂事開始，就意識到家裡有還不完的債，只是他也納悶著，一家人這麼勤儉，為什麼怎麼樣也改變不了負債的命運？老實認分的父親經常告誡他，「我們做工的人不要強出頭，出頭就『土』了。」

幸好，上小學之後，林天來認識了另一個字「士」。經常因為不甘心而掙扎的他，開始知道知識份子，發現知識就是力量，「土和士，上下筆畫長短不同，生命境界就因此不一樣，」林天來輕輕地解釋。

因為這個認知，他對人生有了新的想像，即使現實生活並無法讓人立刻如願。國中畢業時，他原本已經被花蓮高中錄取，但是由於家庭經濟不允許，只好改念花蓮高工機械科。有著「士」的靈魂，他在製圖、車工這類實習課程中吃盡苦頭，充滿挫折，只好往圖書館跑，希望能在書頁中找到一些指引。

偶然的一天，他在圖書館翻到一本書，上面寫著：「人的一生要寫些文章，和別人分享；不然，就做一些事，讓別人寫。」這句話讓他找到方向。苦悶之餘，他開始提筆寫作，然後投稿、退稿，再投稿。無論如何，閱讀和寫作，成為他相依為命向前進的朋友。

畢業後，林天來進入鐵路局修火車，公務人員的穩定前途和社會地位，讓他父親高興得逢人便說，「我的兒子在鐵路局上班！」

能夠分擔家計讓他欣慰，卻沒那麼開心。他只是臨時雇員，沒多久就因為健檢判定他辨色力異常，被迫離開鐵路局。

圖書館內的修練

他找到花蓮女中總務處校工的工作，白天種花、除草、洗廁所、清游泳池，晚上讀書、寫作、投稿，後來成為花蓮《更生日報》的特約撰述委員，定期有專文見報。

林天來一有空就到處幫忙，他的聰明勤快受到學校許多主管青睞，一有空缺便爭相向校長要人。有一年，學校的教務處、圖書館同時缺人，當時的校長賀玉琴便來徵詢他的意見。

林天來幽默地打趣，「我馬上跟校長說，我願意捐出薪水，讓我去圖書館吧！」

環視著圖書館內兩萬本書，彷彿深受重傷的孤獨俠客，在掉落深谷、以為人生從此山

林天來認為，
生命是一種選擇，
選擇的能力便來自閱讀。

窮水盡時，卻意外闖進一個隱蔽的山洞，藉著淡淡月光，他猛然發現壁上畫滿各家武功絕招，腳下堆滿內功心法。明月清風見證了他的激動和狂喜。

他永遠忘不了拿到圖書館鑰匙的那一天，那個晚上，他興奮到睡不著覺。他心裡盤算著以後的時間怎麼分配：晚上七點下班回到宿舍後，先洗澡，快快解決一餐，趴在桌上小睡，免得睡過頭，然後十一點趕去圖書館。這樣到隔天早上七點開始工作之前，他有足足八個小時可以恣意享受。

這八個小時內，他寫寫環保和政論的文章、翻幾篇《胡適之先生年譜長編初稿》、念一段弘一大師語錄，然後取出白天各科老師歸還的借書，一一跟著讀，不管什麼書、不管多少份量，他總會趕上進度把它讀完。疲累時，拿起毛筆練幾張書法「士不可不弘毅，任重而道遠……」，砥礪自己。

三年閉關修練，他踏上古聖先哲的肩膀，進入海闊天空的世界。

“我馬上跟校長說，
我願意捐出薪水，讓我去圖書館吧！”

「那時候，我最怕天亮。因為我正在跟孔子辯論、正在和愛因斯坦講話，和胡適商量事情才說到一半，可是天一亮，我就得離開，去種花、掃廁所，去做工友的工作。」

找到工作的意義

圖書館外的日子的確讓一個胸有丘壑的年輕人感到窒息，直到他讀到《樂在工作》中的一段文章。

那是天下文化當年的暢銷書，創辦人高希均教授在序文中有一段文字：「工作不是為了生存，而是要把個人的生活賦予意義，把一己的生命賦予光彩。」

當工作本身的價值綻現光華，他對未來的不安漸漸退去。

「……當我再次拿起鋤頭和圓鍬，默默地在校園內種花除草的時候，這已經不是一份討人厭的工作了；而是懷抱一份感激之心的工作，期望花開的日子能夠早些到來。當我再次拿起掃把掃地的時候，這已經不是一份丟人現眼的工作了，……更是一份完成後有喜悅成就感的工作。」

他將這段心路歷程寫成文章〈校工的生活〉，參加天下文化為該書舉辦的徵文比賽。這篇文章得到首獎，當時還在美國教書的高希均教授剛好回台，炎熱的八月天，他趁著到花蓮演講的機會，特別邀約林天來共進早餐，當面勉勵這位上進的年輕人。

高希均住在亞士都飯店，距林天來工作的花蓮女中很近，他每天晨跑都會經過，但從來沒有進去過。

早餐桌上，高希均鼓舞眼前這位「像老師，不像工友」的年輕人，談話中，更進一步邀請他：「如果要來台北工作，就到天下文化。」

高希均是海內外知名的經濟學家，偶爾回台灣開會、撰寫文章，常常成為各大媒體的頭條新聞。能夠受到這樣世界級學者的邀約，林天來非常心動，不過，他無法馬上行動。

閱讀火炬不能滅

做為一個熱愛閱讀並且被閱讀深深牽引的人，他已經在花蓮女中點燃閱讀的火炬。焰火，不能半途而滅。

為了讓同學、老師更方便來圖書館借書，降旗放學後，身為圖書館管理員的林天來沒有像一般教職員那樣跟著下班，他反而敞開大門，歡迎學生到來。

學生要參加作文比賽、辯論比賽，他早就準備好相關書籍，並且和她們討論、傳授經驗。老師開學要用的教科書一公布，他立刻買進參考書，幫老師延展教學深度。

還有《中時》、《聯合》、《自立晚報》、《首都早報》、《民眾日報》等黨內外大報，《天下》、《遠見》、《人間》、《文星》等重要期刊，都在這個高中圖書館競相出現。那一年，龍應台的《野火集》剛出版，他立刻騎上腳踏車到書店，多買了好幾本回圖書館，讓學生、老師讀得大呼過癮。

這所高中圖書館不再只是借書還書的地方，它是學習的中心殿堂，更是和社會對話、和時代一起前進的窗口。

當時林天來二十五、六歲，比這些活潑燦爛的女高中生大不了多少。好奇好學的青春靈魂，被這樣一位特別的大哥哥激發、引導，個個視讀書、學習為樂事。因此，每到聖誕節，他桌上的賀卡總會疊到半個人高，每一張都是學生寫來感謝他的，不管還在學校，或已經畢業到異鄉讀大學。

蓬勃而熱情的課外書閱讀風氣，甚至讓一些人開始擔心影響學校的升學率。

這個小小的鄉下高中圖書館，因著各種力量的匯聚，在評鑑中一躍成為全台第一名，而林天來更首創「圖書館社」，社團名額三、四十人，一開放，當天就額滿。

林天來一面引來知識的清風，一面點燃挑戰的烈火。

有一天，一向乾淨的穿堂上貼了張大海報，前面人頭攢動，不時傳出驚嘆聲。海報上巨細靡遺地公布全校的借書率，上至校長、主任、老師，下至每一個班級。但不出所料，這張海報隔天就被撕掉了。

「想不到我年輕時這麼叛逆吧！」林天來摸摸頭，笑了起來。

旁聽的同事瞪大眼睛不敢置信，已經擔任副社長、總是溫和耐心協調各部門的他，似乎也不敢相信當年自己的反骨創舉。

十七版的差距

而這種對知識的渴求，成為他毅然決然北上的最後一根稻草。

一九八八年，一本探討民族性格和文明命運的大書《河殤》，在華人世界造成轟動。像所有關心民族前途的人一樣，林天來急著一睹內容，他找遍花蓮大大小小書店卻一無所獲，於是請書店幫忙進書，沒想到，等他終於拿到書，翻開版權頁，上面赫然寫著「第十七版」。

從一到十七，代表的不只是書籍受歡迎的程度，更是城鄉的知識落差程度，也是一個人思考深度和生命豐富度的缺憾。

他感到恐懼。

一九八九年，他安置好所有在花蓮的事和父母妻小，一個人搭火車到陌生的台北，進入他人生的第一家公司——遠見・天下文化事業群。

他的上進受到賞識，但是初入行者的所有磨練，也在前面排隊等著他。從倉庫管理員、行銷企劃專員、副主任、副理、經理、社長特別助理、副總經理到總經理、副社長，努力的腳步轟隆隆地沒有停息，埋頭之間，超過二十五年的酸甜苦辣就如當年火車外的風景，快速掠過。

演講後，常有年輕人激動地問他，「是什麼讓你工作熱情始終不退？」

因為不斷體驗著「好書可以改變人生，觀念可以改變歷史」，推動一本書，對林天來而言已經不只是一份工作，更是在推動一個生命信仰、推動一種社會運動。正是這種感動，讓他努

好書可以改變人生，
觀念可以改變歷史。

力不懈。

傾慕大家風範

在之前的採訪中，他曾談到已故的畫壇耆老劉其偉是如何綻放生命熱情，「我看到劉老《探險天地間》的手稿，一改再改，紅筆、黑筆又圈又畫，七、八十歲的老人家是這樣地慎重其事。也許有人五十歲就想退休，而劉老過世前一天還在作畫，前一週感冒了還來人文空間演講，前兩週還為天下文化在國際書展上簽名。他幾乎是在畫布上過世的。」

公益平台基金會董事長嚴長壽，是另一位林天來尊敬的人。

嚴長壽以高中學歷，在資源貧乏的年代，將亞都飯店和台灣觀光推向國際，之後又毅然卸下總裁光環，一個人搬到台東鄉下投入偏鄉教育。這種自我超越總是激勵林天來，人不必畫地自限，不能妄自菲薄。

而在私下的往來中，嚴長壽的謙虛也令他難忘。林天來回憶起幾次因為新書在亞都舉辦行銷活動，嚴長壽都堅持不收出版社的錢，這筆開銷不是由亞都吸收，而是他暗自掏腰包。來來回回好幾次勸讓，嚴長壽才勉強同意各付一半。

二〇〇八年，經過多年的勤奮不輟，嚴長壽將自己一生對國家發展的思考，寫成《我所看見的未來》，一字一句，都是他長年在國際奔走、深入台灣各地觀察的心血。

書中「富而美、小而有尊嚴」的社會理想，讓林天來和整個團隊深深認同。那一刻起，作者和出版社成為夢想的夥伴，藉著推廣書中的理念，合力實現美好的願景。

這之後，同仁走遍全台辦演講、簽書會，更發起募書一萬本給全台灣村里長的活動，短短一個月內，各扶輪社、各大企業，都有林天來賣力演講的身影，只希望全台灣每個基層公務人員都能讀到這本書。

嚴長壽曾在給林天來的信上寫道，「您與天下文化同仁的努力，是我從未經歷的。」

為台灣爭一口氣

天下文化二〇一一年的暢銷書《賈伯斯傳》，進一步把這個理想推到國際格局。

蘋果的創新能力全球矚目，而和賈伯斯相關的消息，更是全球談論的話題，那麼，能不能藉著出版《賈伯斯傳》讓小小的台灣在世界各地被看見呢？

拿到《賈伯斯傳》版權的出版社，幾乎都是各國最具影響力的出版社，如果能在這群菁英中脫穎而出，無疑將創造莫大的能見度。

這不再只是一本書、一家公司的業務了，而是和全球出版高手的大競技。因為不願落敗，自取得書稿到出版的四個月中，從編輯、行銷到後勤，公司上下人仰馬翻，林天來也幾十天輾轉難眠。

幸好，成果沒有辜負他們的付出。

論品質，這本書的翻譯、編輯屢獲讚賞；論時間，台灣和美國同步出版；論銷量，以人口比來說高居亞洲第一。其他如首刷數量、清晨首賣、定價策略等，也都創下台灣先例。

他神情凝肅，談起那段時間支撐他的動機，「蘋果手機大多數都由台灣廠商代工，但是當手機上市時，台灣總不在第一波銷售國家中，太屈辱了。我們要為台灣爭一口氣！」

擺脫平庸的謀生態度

有一年，華人社會文化大師余秋雨出席天下文化的活動，林天來負責接待，交談中，他不禁問大師：「讀書的目的是什麼？」

余秋雨這樣回答：「讀書是為了擺脫平庸，擺脫一種急功近利的謀生態度。」

如同大地等待天光漸漸亮起，
他也從閱讀裡，
看見未來的光。

從一個亟欲突破自我的「士」到為台灣爭取尊嚴的出版人，林天來正在體現余秋雨口中的讀書目的。

不過，他的腳步不會停在這裡。未來，有一天，當他離開出版現場，又將開啟一個嶄新的想像。

「我想到一個鄉下小圖書館當義工。當一個茫然的上班族來借《勇敢做唯一的自己》，我會鼓勵他接著讀《你要如何衡量你的人生？》、《你拿什麼定義自己？》。當一個喜愛人文的年輕人借了胡適的《四十自述》，我會建議他再讀胡頌平先生的《胡適之先生年譜長編初稿》，」林天來胸有成竹地說，臉上閃著活潑的光采。

夜深人靜，林天來偶會回想起二十多歲、在花蓮女中圖書館徹夜閉關讀書的自己。縱橫書海的恣意，懷才不遇的不安，總在書頁字裡行間漸漸平靜。現在的他終於理解，如同大地等待天光漸漸亮起，他也從閱讀裡，看見未來的光。■

林天來的私書房

01-《生命的思索：史懷哲自傳》(*Aus Meinem Leben und Denken*)

作者／史懷哲（Albert Schweitzer） 譯者／傅士哲

推薦理由——在成為深入非洲奉獻的博愛醫生之前，史懷哲（1875～1965）出身書香世家，是位音樂家、神學博士，卻在三十歲毅然決定放下所有光環，重新學醫，透過醫療來服務人群。這本自傳出版於1931年，令人驚嘆的是：即使跨越時空，知識份子對於人類文明發展的思考與憂慮是如此相似。我們尚待努力的是：能有如史懷哲一樣的堅持，為貫徹信念，永不放棄。

內容簡介——身兼神學家、音樂家、科學家與傳教士醫師的非洲聖人史懷哲，在本書中結合了敘事與哲學思索，對原始基督教的精神與歷史上的耶穌、熱愛的音樂詩人巴哈、揉合神祕主義與理性主義的哲學觀等多所討論；其間呈現的思維，即使在二十一世紀的現代，也依然發人深省。

02-《弘一大師傳》作者／陳慧劍

推薦理由——與史懷哲同世代的弘一大師（1880～1942），是中國博雅知識份子的典型，精通繪畫、音樂、戲劇、書法、篆刻和詩詞，而在三十多歲的盛年，選擇剃度出家，以佛法度化眾生，成為一代高僧。少年得志，春風得意，從絢麗歸於平淡的人生之路，在《弘一大師傳》裡，我們將看見洞察人情的慈悲，更有明瞭因果的智慧。

內容簡介——弘一大師是中國近代藝術史上的奇才，也是近代佛教史上的高僧。本書詳述其出家前對中國近代戲劇史及音樂教育的貢獻，及出家後獻身於佛道的深入與修行，完整呈現弘一大師的生命歷程。

03-《胡適之先生年譜長編初稿（1-10）》作者／胡頌平

推薦理由——任職花蓮女中圖書館管理員期間，這部三百萬字的巨著，影響我甚深，不只建議學校採購供師生閱覽，也以微薄的薪資自購一套於家中收藏研讀。唐德剛先生曾指出：「胡適之先生的了不起之處，便是他原是我國新文化運動的開山宗師，但是經過五十年之考驗，他既未流於偏激，亦未落伍，始終一貫地保持了他那不偏不倚的中流砥柱的地位。」未流於偏激、未落伍，更是我們這樣時代最需要的一種態度。

內容簡介——本書多達三百餘萬字，前後經十六、七年始成定稿，包羅近代史上1891～1962年的人事及胡適的著述，為胡適的學術思想研究提供了豐碩的資料；各冊之後均就人名、胡適著述及專有名詞編製索引，最後一冊則附有胡適中外文著作詳目。

04-《領導之道：為所有人創造正面的改變》(*The Leader's Way*)

作者／達賴喇嘛、勞倫斯．穆增伯格（Laurens van den Muyzenberg） 譯者／鄭淑芬

推薦理由 ——市面上有許多談領導的書，卻少見有從「領導自己」出發的。達賴喇嘛一生充滿苦難和挑戰，身為宗教領袖，同時肩負西藏文明興衰之責，堪稱處於世上最具挑戰的領導位子。在這麼大的壓力下，達賴喇嘛始終保持平靜的心靈，擔起領導者的責任，相信一定能從他的分享中，學習如何當一個「為人創造正面改變」的領導者。

內容簡介 ——本書由知名國際管理顧問穆增伯格提出管理層面的商業議題，達賴喇嘛輔之以相應的佛教傳統理論與實務教誨，期勉管理者從修持正觀領導自己出發，形塑利人利己的企業文化，以開展出負責任的自由市場經濟。

05-《曼德拉的禮物：十五堂關於生命、愛與勇氣的課》

(*Mandela's Way: Fifteen Lessons on Life, Love, and Courage*)

作者／理查．史丹格（Richard Stengel） 譯者／郭乃嘉

推薦理由 ——二十七年的牢獄生活，使曼德拉從易被激怒的叛亂份子，變成全世界崇敬的英雄。在《時代》雜誌前執行總編輯、作者理查．史丹格筆下，曼德拉栩栩如生如在眼前，讓我們了解到曼德拉如何從監獄和一生的磨難中，將自己蛻變成一個更好的人。而最幸運的是，我們不用經過監獄的苦難，就能透過曼德拉的分享，學習到生命、愛與勇氣。

內容簡介 ——二十七年的牢獄生活，讓諾貝爾和平獎得主、南非前總統曼德拉體會到：勇氣不是無所畏懼，事情也不是非黑即白，把握原則扮演好每個角色，了解敵我情勢，並做長遠的思考、保持心中有愛，才能成為成熟堅強且完整的人。

06-《你拿什麼定義自己？》（*Myself and Other More Important Matters*）

作者／查爾斯・韓第（Charles Handy） 譯者／唐勤

推薦理由——在管理領域裡有許多大師，但能被稱為「大師中的大師」者，一位是2005年辭世的杜拉克（Peter Drucker），另一位即是韓第。身為管理大師，韓第在這本「類自傳」中，毫不遮掩自己曾犯過的錯、曾有過的疑惑，更不斷地刺激我們思考：你拿什麼定義自己的成敗、界說人生的價值和方向？這本書自從2007年出版後，一直在我床頭，讓我隨時從書中的叩問，看見未來的無限可能。

內容簡介——世界知名組織管理大師韓第，從生活經驗與人生歷練中，侃侃而談自身體會到的組織最下層的「負面力量」、因父親離世而開始人生的「第二條曲線」、離開組織身體力行他提倡的「組合式生活」等，並激發讀者思考自身珍視的價值，以發覺人生與職場生涯的多種可能性。

07-《旁觀者》（*Adventures of A Bystander*）作者／杜拉克（Peter Drucker） 譯者／廖月娟

推薦理由——身為專業經理人，杜拉克的書我幾乎每本必讀。杜拉克對組織運作觀察深刻，對人性洞察秋毫，被譽為「現代管理學之父」，但在我的認知裡，他更像一位哲學家，揭示了組織、領導者和組織成員應該扮演的角色。他過世前一年，以九十六歲高齡在《哈佛商業評論》發表了〈執行長開啟執行力的九把鑰匙〉（What Makes an Effective Executive）一文，其論點之精闢，堪稱是經典中的經典。

內容簡介—本書為杜拉克的回憶錄。身為世家子弟的他，從小就接觸到許多改變歷史的人物，也奠定下精靈與敏銳的洞察力。他自謙為「旁觀者」，以細膩的筆法描繪出經歷過的人事物，更從中精闢詮釋關於人生與管理的重要課題。

08-《閱讀救自己：50年學習的腳印》作者／高希均

推薦理由——「人如其文」、「言行合一」，是我閱讀高希均教授《閱讀救自己》一書最大的感受。這本書蒐集高教授七十餘篇和閱讀、學習、進步觀念有關的短文，寫作時間跨越近三十年；即使有幾篇刊登時間早於我在遠見・天下文化事業群工作之前，但我都在報刊上拜讀過。再讀此書，每篇文字都仍在回應當今社會進步的障礙，不禁感慨在台灣推動進步觀念之不易，也更堅定我從事出版工作的決心。

內容簡介——本書是「遠見・天下文化事業群」董事長高希均教授多年來提倡閱讀、傳播進步觀念，以及自述學習、為人、做事的文章結集。全書七十餘篇短文概分為：卷一投入閱讀、卷二親近典範、卷三深耕大愛，並兼及對親人、師友的憶念，與對年輕一代的殷殷叮嚀。

09-《我所看見的未來》作者／嚴長壽

推薦理由——這是嚴長壽總裁從事觀光業三十八年的畢業報告，更是他對台灣社會的真摯期許。回想出版前夕，因為主題較為嚴肅，在日漸關注個人主義、強調小確幸的時代，同事們只是秉持一股希望台灣更好的熱忱，全力推廣這本書；但無論從銷售量、演講現場的爆滿程度，都讓我們對台灣社會充滿了信心！台灣社會需要更高的視野和格局，嚴長壽就是那座最明亮的燈塔之一。

內容簡介——本書是「飯店教父」嚴長壽對台灣發展的總體規劃。作者以幾十年來在國際上所學、在專業上所領悟、在地方上所看見的，對台灣整體觀光的優勢在哪裡、台灣的國際級規劃，及未來的努力方向，做了條理分明的剖析。

10-《關於跑步，我說的其實是……》作者／村上春樹　譯者／賴明珠

推薦理由 —— 我並不是一個看村上春樹小說的人，會閱讀這本書，是因為我也有跑步的習慣。看完村上春樹分享在跑步中所理解的人生及寫作觀之後，發現他有許多思考，都是我曾經感受過的；只是他是小說家，把我許多詞窮、無法言說的體悟，都精準地轉化成文字，不只深有共鳴，更敬佩這樣的小說家。

內容簡介 —— 本書為日本最具影響力的作家村上春樹，以自己持續跑步的行為為軸心的手記。無論在盛夏的雅典、北海道薩羅馬湖、波士頓馬拉松、神奈川住家附近擁有陡峭斜坡的環狀步道、夏威夷州可愛島、紐約秋天的馬拉松，村上翔實記錄下每次跑步的心情，分享他在跑步中所理解的人生以及寫作觀。

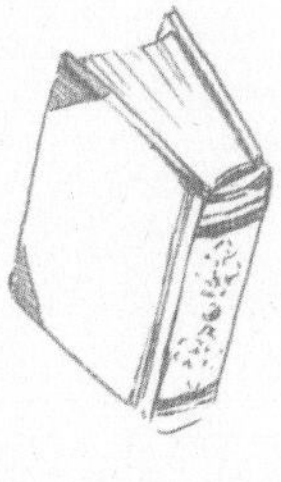

改變人生的閱讀

行動者

喬大地產董事長
郭國榮

文——謝其濬　攝影——陳宗怡

二〇一一年十二月十一日，上午九點。

時值星期日，加上寒流來襲，多數人只想躲在棉被裡睡大頭覺，關渡北台灣科技大學的演講廳，卻湧進了近一千五百多人。

他們都是來聽前亞都麗緻飯店總裁嚴長壽的演講，講題就是他剛出版的新書《教育應該不一樣》。

聽眾們都是滿載而歸，他們不只聽到嚴總裁的精闢觀點，主辦這次活動的喬大文化基金會，還貼心地為每位來聽演講的人準備了「伴手禮」——一個特製的袋子，裡頭裝的就是嚴總裁的這本新書。

這場演講的推手，就是喬大地產的創辦人，郭國榮。

幾個月前，在基金會執行長廖惟亭的推薦下，郭國榮讀了《教育應該不一樣》，對於書中的看法，特別是技職教育的部分，非常有共鳴，他認為，每個關心教育問題的人，都應該一讀。

行動力超強的郭國榮，二話不說就跟出版社聯絡，希望能印製八千本的「大字版」，而印製的目的是要送人，贈書的對象包括了政府官員、民意代表，因為這些有決策權力的人，往往也是年高德劭的「長輩」，為了方便他們閱讀，才特製了版面特別清爽的「大字版」。

讀懂了，就去做，
這樣知識才會產生價值。

關於送書，郭國榮還有一個小小的堅持，他希望收到贈書的單位，能夠真正地閱讀這本書，如果不想讀，就請對方將書退回。

在台灣，愛閱讀的企業家不少，但是像郭國榮這樣，用接近宗教的狂熱去推動閱讀的企業家，卻相當罕見。他的出發點也很簡單：「因為閱讀改變了我的人生。」因為體認了閱讀的好，他才會如此大手筆地送書，希望社會上人手一書。

很難想像，這位五十三年次的閱讀推手，在求學階段，曾經是大字不識幾個的「文盲」。

缺乏學習資源的童年

將鏡頭轉回民國五〇、六〇年代，當時，郭國榮還是個小學生。

教室中，學生們正在考試。郭國榮面對著試卷，一個頭兩個大，不要說考試的內容，連選擇題、是非題的差別，他都搞不清楚。不用說，考試成績滿江紅，分數不及格要挨打的人，郭國榮永遠是其中的一個。

「其實，不能怪我不用功，當時我根本沒有讀書的環境，」郭國榮說起童年往事，依然歷歷在目。

他的童年生活，總結來說，就是一個字，窮。

郭國榮老家在金山的山上，父母都不識字，以務農為業，一家九口窩在泥塊蓋起的「土塊厝」，沒有電燈，沒有自來水，廁所就是個茅坑，上完廁所也沒有衛生紙，而是以野地裡的竹片代替。金山多雨，而郭國榮家中又常漏水，外面下大雨，屋中下小雨，已是家常便飯。

在貧困的環境下，生存都已經不容易，更不要說對知識產生渴望。而且平時在家，家人都說台語，學校老師卻是用國語授課，他聽課時多半像鴨子聽雷，經常搞不清楚老師到底在說什麼。

母親眼看著一家子這麼困在山上，下一代前途堪慮，便在郭國榮小學四年級時，舉家搬到北投，希望藉著空間的改變，為這個家帶來一些轉機。不過，由於家裡的孩子還小，只能靠著郭國榮的父親到工地挑磚，勉強維持家計。

或許是學習的基礎沒打好，即使搬了家，換了學校，郭國榮對於學業仍然興趣缺缺，不過，個性老實憨厚的他，還是每天乖乖地上課，從不遲到早退，不論就讀國中或高職，畢業時他都拿到全勤獎。

隨著年紀漸長，排行老三、身為長子的郭國榮，也要幫忙分擔家計，利用放學後、週末的時間，到工地跟父親一起搬磚。下工時，父親用機車載他回家，因為工作很累，坐在後座的他有時難免打起瞌睡，每次一醒來，發現自己還在奔馳的機車上，便是一陣心驚肉跳，因為他知道，如果稍不注意沒抓緊父親摔下來，大概就一命嗚呼了。

這樣的畫面，始終在郭國榮腦海中揮之不去，多年後，每當他看到有父母親用機車載小孩，那種驚險的感覺便再度竄上心頭。

這個時期的郭國榮，對於閱讀也好、知識也好，都沒有特別的感受，只有當父親因為不識字，只能默默接受黑心雇主惡意欺騙，拿不到應有的報酬時，他才隱約地覺得，如果父親懂一點知識，情況應該就會大不相同吧。

讀勵志書，人生開始追夢

退伍，是許多男性人生中的轉捩點。

當兵之前，可以用「等當兵」做為自己年少輕狂的藉口，但是退伍後，你就得開始面對人生、思考未來。

想打開成功之門，
第一步就是先找到鑰匙，
而那把鑰匙，就是「知識」。

在郭國榮的記憶中，若說開始主動接觸書本，應該就是在他退伍前夕這段時間。當時的他，看過一些勵志書籍後，便把「追求成功」做為人生的志向。當然，在貧苦出身的郭國榮心中，所謂「成功」，不外就是做大生意、賺大錢。

退伍後，他追逐著發財的夢想，在台中的市場賣過菜，日夜作息顛倒；想研發「檳榔剪」（用來剪檳榔的工具）致富，被騙了錢；從事門窗把手的生意，樣品被客戶丟在一邊。跌跌撞撞，一心想成功的郭國榮，跟他所渴望的財富，老是沾不上邊。

後來，在朋友的推薦下，他去上企管方面的課，也參加經濟部為中小企業負責人所辦的讀書會，一本接著一本看起了企管相關的書。

「這時候我才知道，很多事情背後其實是有道理的，」走了不少冤枉路的郭國榮苦笑，原本混混沌沌的世界，漸漸地變得清晰起來。

想打開成功之門，第一步就是先找到鑰匙，而那把鑰匙，就是「知識」。

出身於基層的郭國榮，做事認真、吃苦耐勞，也有膽識，算是具備了創業者應有的條件，若說還少了點什麼，那就是「知識」仍有不足之處，郭國榮體認了這一點，這也是他日後求知若渴的原因。

嘗試過不同工作後，郭國榮決定投身房屋仲介。做事認真的他，天還沒亮，就進公司整理資料，然後騎上老舊的機車，沿街在電線桿貼仲介廣告，不論是大太陽下，或是風雨中，都看得到他辛勤打拚的身影。

他的積極勤奮，獲得了公司總經理肯定，在民國七十七年時受邀成為共同創業的股東夥伴。本以為如此便可以在事業上平步青雲，揮別過去的自己，沒想到還有更大的考驗在後面等著他。

股災影響，壯士斷腕

說到民國七十九年的股災，不少股票族可能都心有餘悸，當年從二月十二日到十月十二日，短短八個月，股市重挫了一萬兩百多點，而這場史無前例的股災，也為郭國榮的人生和事業，帶來了最大的危機。

在股災發生後，他原本任職的房屋仲介公司，股東紛紛落跑，他不得不接手公司當起老闆。而股市連動影響房市，房仲交易也陷入了黑暗期，考量電話費、人事開支成本居高不下，郭國榮只好壯士斷腕，「別人當老闆，是不停地開分店，我當老闆卻得將原有的十二家分店，一家家收起來。」他心情之鬱悶，可想而知。

當時，郭國榮已結婚生子，真是所謂「上有高堂、下有妻小」，加上要供應妹妹出國拿房子抵押借貸，他必須扛起千斤重的經濟壓力，壓力大到每天睡覺做惡夢，起床了卻腰痠背痛到沒辦法穿褲子。

所幸，郭國榮是個樂觀且毅力超強的人，即使在他最低潮時，也不會以死亡逃避責任，而是想辦法解決問題，就像台語說的，「打斷手骨顛倒勇」。

只是，一路走來，郭國榮可以商量諮詢的良師益友卻不多。遇到事業的瓶頸，問家人，家人不懂；問朋友，朋友未必樂意傾囊相授；問同行，對方巴不得你早點關門倒閉，哪裡願意伸出援手？他能求助的，只有「書老師」。

在公司勉強維持，走一步算一步的那段時期，郭國榮除了繼續上企管課充電，就是不斷地閱讀進修，希望從書中找到未來的方向。

以市場區隔成為「關渡平原土地公」

某天，他從書中讀到了「市場區隔」的觀念，突然間就想通了。

在房仲市場上，早已存在信義、住商等龍頭，喬大與其跟他們競爭，不如另闢戰場。從事房仲交易時郭國榮便知道，台北最大的地產市場在關渡平原，而郭國榮從小學五年級就搬到北投，這一帶本來就是他的地盤，不正是他從事北投房地產的最大優勢？

郭國榮再次展現他的行動力，他結束了業績時好時壞的房仲事業，另起爐灶，決定要從地產開發上重新出發，而他的創舉之一，就是建立龐大的資料庫，做為投資人進軍北投房地產的利器。

這一點，又是他從書中學到的觀念，雖然不是資訊科系背景出身，郭國榮卻相信，在未來的時代，「資訊力」絕對就是企業的關鍵競爭力，既然自己不懂資訊，就找最厲害的資訊高手來幫忙。對方原本任職於台灣綜合研究院，而且再過幾年就可以坐領數百萬退休金，郭國榮為了請他出馬，不但給的薪水比自己還高，甚至願意提前支付退休金，面子、裡子做足，終於將對方網羅進團隊。

有了高手相助，加上有管理背景、現任喬大地產執行副總的蔡國賢與郭國哲操刀，二

郭國榮相信，在未來的時代，「資訊力」絕對就是企業的關鍵競爭力。

○○○年時，正式推出獨家的「關渡平原專案資料庫」，奠定喬大地產在士林、北投地產圈的地位。

資料庫累積數百萬筆數據，記載關渡平原上每塊土地的所有權細目，從地主的身分、轉手紀錄、交易金額，全都逃不出郭國榮的手掌心，難怪媒體封他為「關渡平原土地公」。

對於資料庫的內容，郭國榮的要求甚高，旗下業務員必須詳細記錄每日工作內容，「附近哪裡有土地成交、哪個鄰里要進香拜拜、哪個地主喜歡吃什麼菜，我們統統要知道。」靠著這套資料庫，郭國榮輕鬆地將同業拋在身後。

「做門檻愈高的工作，別人就愈難超越你，」郭國榮說，而這個道理，也是「書老師」教他的。

懂得分享，才能賺到心靈的富足

或許是童年時代窮怕了，即使事業步上軌道，郭國榮仍然沒有停下追逐財富的腳步，每天的生活中，除了工作，還是工作。

某天熬夜加班時，女職員隨口問他：「你賺錢的目的是什麼？」甚至還拿報紙上的內容提醒他：「賺錢的目的，在於改善生活品質。」

好強的他，當下的回應是：「我的生活品質，就是賺更多的錢。」但是，這個問題就像小石子丟進水裡，在他心頭激起一圈圈漣漪。

腦海中，浮現一個個與他有過交集的身影：有些人拚了老命累積財富，卻在坐擁億萬家財時，驟然病逝；也有人辛苦一輩子，留給兒女龐大家產，卻引發了家族成員爭奪遺產的內鬥；還有人經營垃圾場致富，卻是每天生活在垃圾場裡，毫無生活品質可言。

如果，金錢只是自己人生唯一的重心，會不會有一天他又變成窮人，窮得只剩下錢？以前，他從書中摸索出經營事業的方向；如今，他想在書中尋找經營圓滿人生的智慧。

無意間，他接觸了奇美創辦人許文龍的傳記，發現這位白手起家的大企業家，每週花在工作的時間不到十小時，其餘時間都用來釣魚、與大自然相處、享受藝術，而公司的獲利，不是讓員工共享就是回饋社會。

或許，圓滿人生的關鍵，就在於懂得適時遠離工作並樂於付出，分享自己所擁有的。

有了這樣的體悟，郭國榮開始減少應酬，若是拒絕不了，也盡量在八點半以前結束，把更多的時間留給家人。他不僅要求自己做到，也體恤員工，希望他們以更有效率的工作方式，減少加班的時間。

十多年前，在郭國榮建議下，六個兄弟姊妹全住進郭家自建的大樓內，每天早上，整個家族二十幾個人一起享用自助式早餐，陣容十分壯觀。對他來說，家族即使開枝散葉了，仍能維持親密的情感，是比金錢還要更珍貴的資產。

郭國榮另一個重要的決定：只留下公司三〇%的股權，其他部分全部讓給員工。因為他慷慨分享，員工獲得了鼓舞，因此更賣力付出，讓公司的業績不斷翻升，獲利倍增，他的財富反而累積得更多，「我覺得很神奇，怎麼我分享得愈多，回饋到我身上的反而更多呢？」郭國榮的語氣透著驚喜，他不是基督教徒，卻對「施比受更有福」這句話有著無比深刻的感受。

實踐知識的行動者

聯強國際總裁杜書伍曾經說過：「知識本身是沒有價值的，知識被使用過後、產生的結果才有價值。」用這句話來形容郭國榮對於閱讀的看法，應該也是十分貼切。

接受媒體採訪時，郭國榮總是強調閱讀的力量，然而，他卻不會滿口引經據典，甚至問他受哪本書的影響最深，他也說不太出書名。

深究他的閱讀歷程，或許不難找出原因。郭國榮讀書，目的不是怡情養性，而是向「書老師」求教，解決他事業上、人生中的困惑，而一旦他吸收了知識，就會採取行動去實踐知識，將知識化為改變生命的動力。

讀懂了，就去做，這樣的知識才會產生價值。當然，前提還是，你必須要讀書。如果沒有打開書本的那個動作，改變人生的魔法就不會啟動。

於是，郭國榮決定將讀書風氣推廣到公司員工教育，要求員工三人為一小組，輪流擔任投影片製作、書摘、演講三項工作，每月輪流呈報當月三本新書的讀書心得，幾年下來，員工讀過了超過百本的好書。

結果，閱讀真的帶來了改變。喬大推動讀書會以來，團隊因為有了共同話題，向心力更強，原本較害羞、不擅言詞的員工，透過不斷地演練，台風也愈來愈穩，面對客戶時，變得更落落大方。

想引導更多人愛上閱讀

看到了企業內部因為推動閱讀所帶來的效果，郭國榮相信，不論學歷高低，只要能保持經常閱讀的習慣，都有機會從書中挖掘出寶藏。

二〇〇八年，郭國榮成立了喬大文化基金會，推廣全民閱讀風氣，至今舉辦過一百多場讀書會。二〇一一年，基金會進一步協助北投分局、士林分局、北投區公所等公家單位成立讀書會，引導更多人愛上閱讀。

基金會辦的每一場讀書會，郭國榮總是會準時出席，看著每一個聽眾滿懷期待而來，最後都能收穫滿滿地離開，感到十分喜悅。

當年那個連考卷都不知道該怎麼寫的男孩，如今卻能成為書香饗宴的主人，聽起來相當不可思議的歷程，卻是郭國榮再真實不過的人生。

透過閱讀，郭國榮打開了命運之門，現在他想將這把神奇的鑰匙，放進更多有緣人的手上。

郭國榮的私書房

01-《你要如何衡量你的人生》（*How Will You Measure Your Life?*）

作者／克雷頓．克里斯汀生（Clayton M. Christensen）、詹姆斯．歐沃斯（James Allworth）、凱倫．狄倫（Karen Dillon） 譯者／廖月娟

推薦理由——我非常認同開頭作者闡述的一段話：為自己設立目標，才能了解什麼是你一輩子最重要的事。本書給我一個啟發，人生不外乎追求健康快樂，而這兩者的追求與實踐，其實並沒有想像中困難。要快樂，必須先有健康，不僅要追求身體健康，也要追求心靈健康。

內容簡介——本書依創新大師克里斯汀生發表於《哈佛商業評論》、榮獲第52屆（2011年）麥肯錫最佳論文獎的〈精算人生三題〉一文延伸擴充而來。作者將企業管理上的研究成果，套用在工作、家庭與人生三方面，與讀者分享如何釐清心目中的優先順序，調配行動、時間及資源，才能擁有快樂的工作、圓滿的人際關係與正直的人生。

02-《微笑，走出自己的路》 作者／施振榮 著、林靜宜 採訪整理

推薦理由 ——第一次知道微笑曲線，是在前宏碁電腦董事長施振榮所著的《再造宏碁：開創、成長與挑戰》中，提到的企業競爭戰略。但這本《微笑，走出自己的路》卻讓我學會如何將微笑曲線理論應用在工作管理之外的人生管理中。雖然看似簡單，卻很務實地指出未來努力的策略方向。

內容簡介 ——1992年宏碁再造前，施振榮提出尋找附加價值的「微笑曲線」。在本書中，除了運用微笑曲線概念解答二十五個企業與人生課題之外，更分享了施振榮幾十年來體悟到的創業與創新法則、經營管理技巧、人生價值觀等。

03-《打造將才基因2：將將》 作者／杜書伍

推薦理由 ——杜書伍是我很欽佩的一位企業家。過去我做主管時，沒有人教，完全是靠自己摸索，現在的人很幸福，這是一本告訴主管應該如何管理的實用書籍，如果當時就有這本書的出版，我想我應該能避免很多錯誤，少走一些冤枉路。

內容簡介 —— 本書為聯強國際集團總裁兼執行長杜書伍，從主管意識、分工與組織建構、部門管理與政策落實、組織行為與組織氣候、如何提升組織溝通效能、選才觀念、訓練與引導、培養幹部與潛力人才等八個面向，所建構的完整管理架構。

04-《善的循環：靜思書軒的人與事》作者／邱淑宜

推薦理由——我們處在步調快速的功利社會，靜思書軒提供了一個靜的空間，期盼大家透過靜的閱讀，沉澱自己也思考自己。它不問每天能賣多少書，只希望透過這樣的園地，讓大眾有個淨化心靈、紓緩情緒的角落。

內容簡介——靜思書軒隱身在信義商圈的新舞臺分店，是全球眾多靜思書軒的縮影。本書藉由新舞臺店背後的溫暖故事，介紹在這片園地耕耘的園丁與志工，及他們如何散播善的蝴蝶效應，提供陪伴與撫慰，並從行動中落實環保，為生活注入純正的心意。

05-《教育應該不一樣》作者／嚴長壽

推薦理由——這本書談了很多教育的現象和問題，並提出建言。整體來說，我覺得核心問題在於價值觀被誤導。家長當然不希望自己的孩子將來受苦、輸在起跑點，只好跟隨大環境的價值觀，期望兒女輕鬆地直接站在別人的肩膀上。但世事難料，也許這樣反而讓孩子在人生未來的旅途中迷失方向。

內容簡介——沒有學歷光環，仍成為領導管理翹楚的公益平台基金會董事長嚴長壽，在本書中從喚醒家長的盲點出發，鼓勵第一線的教育工作者莫忘初衷，期勉青年以創意走出自己的路，導正高學歷與技職教育間的迷思，並從公民素養與教育文化等面向，對台灣教育提出改革呼籲。

06-《真原醫：21世紀最完整的預防醫學》作者／楊定一

推薦理由——這本書講求的是全面且完整的健康生活體悟，整合中西醫，走向身、心、靈結合的整體療法。健康不能只靠吃藥或某種營養素來維持，病人必須主動積極維持，並促進自己的健康，包括改善生活型態、適度運動、攝取正確的營養、改變心念等，才能讓身體發揮自我治療的能力。

內容簡介——藉由飲食科學新概念、環境與消化系統的健康，到修身、修心的身心靈全面診治，練功靜坐到行為心性的改變，長庚生技董事長楊定一在書中描繪出恢復整體健康的藍圖，分享如何選用適量的天然物質營造支持細胞正常功能的最佳環境，以預防及治療疾病，重返原始的完美平衡。

07-《零與無限大：許文龍幸福學》

作者／許文龍 口述，林佳龍、廖錦桂 編著

推薦理由——我很讚許許文龍先生的三百六十度的人生，也因為這本書，我建構了自己工作—休閒—回饋的黃金三角。此外許先生也提到：不要怕跌倒。這很符合我的人生哲學，我是一個不怕承認錯誤的人，但很要求自己必須從錯誤中學到啟示，並且不再犯錯。

內容簡介——本書費時十二年採訪整理，呈現奇美集團創辦人許文龍橫跨日據時代至今八十載的生命歲月。書中包含個人體驗的釣魚哲學、經營概念與企業社會責任的幸福經濟學、對理想國的建言，及從音樂而擴及的藝術層面，是最完整、最貼近許文龍的傳記回憶錄。

08-《下一個百年，仍需從基本做起》 作者／李家同

推薦理由 ——和李家同教授近距離接觸多年，覺得他是一個很真誠的人。他的直率常遭記者誤解並斷章取義地報導，換成其他人可能因此噤聲，但李教授反而用一種更沉重、更直白的方式，呼籲我們不要忘記打地基，豐富自己的能量和底蘊。抄捷徑雖能獲得短暫成功，卻無法持久。我不是個很聰明的人，一步一腳印一直是我創業的基準，正因為親身經歷過，所以對於李教授所闡述的相當有共鳴。

內容簡介 ——年逾七旬的李家同教授，在本書中從知識的力量、國際觀、教育、社會、工業等各方面，分享他倡導多年、真正能讓企業與國家立百年而不墜的傻子精神，並對台灣社會提出呼籲：要有志氣，但一切仍必須從基本做起。

09-《領導之道：為所有人創造正面的改變》（*The Leader's Way*）

作者／達賴喇嘛、勞倫斯．穆增伯格（Laurens van den Muyzenberg） 譯者／鄭淑芬

推薦理由 ——這是我第一次具名推薦的書籍。如果因為作者之一是達賴喇嘛而誤以為這是宗教書，那就太可惜了。我覺得這是一本管理自我的書，人要先能管理自己才能領導別人。身為領導者，我覺得修心非常重要，要正觀與正行，秉持正確的動機以及選擇做正確的事，並且不是為了自己的幸福而努力，而是努力讓身邊的人都幸福。

內容簡介 ——本書由知名國際管理顧問穆增伯格提出管理層面的商業議題，達賴喇嘛輔之以相應的佛教傳統理論與實務教誨，期勉管理者從修持正觀領導自己出發，形塑利人利己的企業文化，以開展出負責任的自由市場經濟。

10-《教養，無所不在》作者／李偉文

推薦理由 ——作者在自序中寫道：因為不在，所以無所不在。我想這是很多工作忙碌的家長最希望達到的境界。我從年輕時創業，陪伴家人的時間很少，但很慶幸我的孩子都很有自己的想法，對任何事情都很積極，這應該就是情境的創造，讓他們可以很自由地思考、很自由地成長。

內容簡介 ——醫師作家李偉文從陪孩子安排生活計劃與自主學習、培養孩子的自律與常規、打造適合孩子的學習環境、建立孩子面對未來的能力、啟發孩子的寫作力與閱讀力各方面，公開十多年的教養祕笈。

尋找自己的人生解答

思索者

老爺大酒店集團執行長

沈方正

文——林宜諄　攝影——陳宗怡

走進強調後現代和風設計的礁溪老爺大酒店，大廳內五座造型雅緻的書架，格外吸引旅人的目光。架上陳列了上千本各種類型的書籍，宛如一個二十四小時開放的小型圖書館，讓詩情畫意的飯店也洋溢著漫漫書香。

原來這書架上的一千六百本書，是熱愛閱讀的老爺大酒店集團執行長沈方正，與飯店同仁一起挑選的書，其中大部分是他分享出來的藏書，希望讓旅客在享受溫泉、美食與美景的同時，也能享受閱讀的樂趣。

帶著圓框的胡適眼鏡、嘴角常帶著笑容的沈方正，言談間表情生動，不時發出哈哈的爽朗笑聲。這位擁有服務業人員必備的親切特質，在飯店業擁有近三十年資歷的CEO，在同事和朋友眼中，是個充滿好奇心、不太拒絕別人的「好咖」。

沈方正的博學多聞是業界出名的，連他的頂頭上司老爺酒店集團總裁林清波都佩服他學識豐富，涉獵很廣，曾稱讚他是「非比尋常的CEO」，認為沈方正之所以能塑造自己成為傑出的CEO，來自他在知識領域上不斷求取進步。

林清波曾在沈方正的辦公室發現一套旅館書，他曾在日本書店看到這套書，卻因為定價太高而捨不得買，沒想到沈方正已經買下來。這種強烈的求知欲，讓林清波留下非常深刻的印象。

沈方正對於閱讀的熱愛，源自他小時候因為閱讀而被激發的好奇心。

只要是買書，多少錢都會給

常有人問起沈方正，為何會想踏入飯店業？他回答，因為家裡「開飯店」。是哪一家飯店？他會笑著說，是「我家」大飯店！

沈方正的父母經商，家裡經常大宴小酌，也常有朋友上門打麻將，他從小在麻將間裡當跑堂，幫忙端菸灰缸、水果盤。小學四年級時，沈方正已經可以開十人份的菜單，而且不會重複客人上次吃過的菜色，因為他把媽媽的食譜一頁頁都背得滾瓜爛熟。這是他早期的閱讀經驗，不知不覺中也培養出服務的專業。

沈方正可說來自書香之家，家中成員各有不同的閱讀喜好。

他的父親從小接受私塾教育，飽讀詩書，自己也作詩，收藏了整套的《史記》等古籍經典；母親喜歡閱讀雜誌，書架上擺滿了訂閱十多年的《讀者文摘》、《皇冠》等月刊；姊姊是文學青年，喜歡閱讀水牛、文星出版社出品的文學和哲學類書籍。耳濡目染下，沈方正從小就愛看書，並養成固定閱讀的習慣。

因此，沈方正上小學後，一到週末假日只做兩件事：不是跟著愛爬山的媽媽去郊外走走，就是去逛重慶南路。這時候，他會先在「公園號」喝杯酸梅湯，再到轉角的東方出版社看書。

雖然爸媽不給零用錢，但只要是買書，多少錢都會給，所以他把《福爾摩斯探案》和《怪盜亞森羅蘋》等推理小說，和《七俠五義》、《封神榜》、《三國演義》等中國經典文學，通通整套買回家。用問答方式解說自然科學現象的套書《為什麼？》，還刺激沈方正養成「問對問題」的思考習慣。

沈方正就讀初中時，受到姊姊的影響，開始看王尚義的小說。王尚義是位才氣橫溢的文學青年，生長在苦悶的六〇年代，雖然熱愛文學與哲學，卻迫於家族期望而選擇就讀台大醫學院，畢業那年才二十六歲就因末期肝癌去世，留下多部震撼當時年輕心靈的作品，《野鴿子的黃昏》一書甚至被認為是導致一位少女自殺的元兇。

因閱讀而對人生好奇

因為閱讀而比同齡早熟的沈方正，開始思考生死的問題，他感到迷惑——人既然出生，

因為閱讀而比同齡早熟的沈方正，
初中時就思考生死的問題。

為何會死亡？自己又為何活在世界上？他去翻佛經，卻看不懂，非常苦悶。

直到上了高中，他接觸到志文出版社的「新潮文庫」，閱讀沙特、卡謬、叔本華的作品，認識了當時流行的西方思潮存在主義，才稍稍有所體悟。

「什麼是人生中最重要的問題？」成為他心中的新疑惑，為了找出終極答案，他打算以後研究這件事。但他隨即發現，「了解宇宙是怎麼來的」比個人人生的問題層次還要高，所以應該去念天文學。

高中分組時，他先選擇了甲組（理工），可惜那個年代台灣的大學並沒有天文學系，他退而求其次想改讀生物學，研究生命的起源，於是轉念丙組（農醫），偏偏自己化學和生物兩科的成績太差，必須放棄，最後他想念哲學，所以又跳到乙組（文哲）。

不過，當大學聯考完要選填志願時，家人卻非常反對沈方正讀哲學系。父親告訴他：「有興趣固然很好，但要先找到可以謀生的工具，才可以兼顧興趣。」

雖然是多年的自我追尋，沈方正想了想，也覺得父親的話有道理。愛看西洋電影、愛聽西洋音樂，對英文很有興趣的沈方正，就在志願卡上全部填入各校的外文系。在送出志願卡前，碰巧學校老師向沈方正推薦阿拉伯語文學系，那時候台灣跟沙烏地阿拉伯的關係良好，彼此有經貿往來，他順手填入，沒想到就這樣進了政大阿拉伯語系。

來者不拒的「好咖」

事實證明，他也的確兼顧了興趣和謀生。

他在系上組讀書會，帶著大家一起閱讀莫泊桑的小說。他的室友想轉讀中文系，每天背誦唐詩，沈方正跟著背了兩百首，偶爾也坐在長堤上吟詩作對。

那時候，他開始涉獵川端康成、三島由紀夫和芥川龍之介的作品，日本文學中經常讚美死亡，讓他看到很不一樣的生命觀。

有個深夜，他在宿舍看三島由紀夫的《金閣寺》，進入作者非常細膩的思想世界中，頓

“打從會看書開始，我沒有一天不看書，
因為看書是我最大的興趣和消遣。”

時感覺自己好像也快瘋了，嚇得他趕緊把書丟掉。

浸淫在嚴肅的書籍中、不斷思索人生的課題，沈方正不免感到沉重。幸好當下生活中的樂趣，總能讓他找到平衡。

由於系上男生少，同學都知道，如果有沒人想參加的活動，找沈方正絕不會被拒絕。這讓他成了全校參加過最多比賽的學生，不論演講、朗誦、辯論、合唱、舞蹈比賽，連各種球賽、田徑賽都不缺席；就算不會「三鐵」、不懂「現代舞」，他也都硬著頭皮練習。除此之外，他還參加橄欖球校隊，也參加服務性社團「愛愛社」，替盲胞念報紙。

大學畢業後，沈方正找工作的唯一原則就是要「好玩」。考量到觀光業既能玩得盡興，又能發揮語言優勢，於是他一腳跨進飯店，從來來飯店的櫃檯接待人員做起，跌破許多人的眼鏡。

因為比別人更努力上班，也從不拒絕別人給他的機會，就算不是擅長的領域也勇於嘗試，沈方正一路升遷，獲得重用。短短五年內，他待過櫃檯、行銷、業務與餐飲等四個部門，成為來來飯店歷練過最多部門的員工。

後來他進入當時籌備中的知本老爺酒店擔任行銷業務部協理，因為不斷創新和願意接受挑戰的個性，得到老爺酒店集團總裁的賞識，成為知本及礁溪老爺的總經理，二〇一〇年底更升任集團執行長一職。

沒有一天不看書

要管理海內外十家老爺酒店，以及籌備新店的開幕，還得經常演講或接受媒體採訪，沈方正的每日行程可說滿檔；但是再忙，他也要每天讀書。

每個早上和夜晚，他各有一段固定的閱讀時光。

早上十點半，剛開完會，趁著旅館房務的空檔，他習慣拿本書坐在礁溪老爺大廳吧台附近閱讀，透過整面的落地窗，蘭陽平原的景色一覽無遺，在這近一個小時的時間中，他閱讀需要思考的硬主題書籍。

晚上臨睡前再讀一個小時，是他從小養成的習慣，這時他會進入主題輕鬆的小說世界。

沈方正很自豪地說，打從會看書開始，他沒有一天不看書，因為看書是他最大的興趣和消遣。如果出差，通勤的時間愈長，看的書還愈多。

以前他的辦公室在中山北路二段，他常常中午不吃飯，跑到台北車站附近書店裡的咖啡廳，點一塊蛋糕，一邊看書、翻雜誌，等到時間差不多了，就趕快買一本書回公司。短暫的午休時光對他而言，就像放假一樣，即使只翻了幾頁書，回到辦公室時感覺又是一個新的開始。

在生活中，沈方正熱情探索各種生活趣味，表現在閱讀上，則是個興趣廣泛的「雜讀者」。

沈方正笑稱自己是「亂讀」，只要勾起他「這可能很好玩」的想法，就會成為他的閱讀目標，而隨著書中提到的人事物或是引述其他書的內容，他的閱讀觸角也跟著四處延伸。這種「連連看」式的閱讀習慣，讓沈方正的閱讀領域不斷向外擴展，因此跟人談天說地，各種內容信手拈來，而且言之有物。

最近他經常向人推薦漢寶德的《東西建築十講》，因為這本書讓他從建築進一步去認識東西方文化。

像他去日本京都奈良看東大寺，一般人只看廟宇建築，他卻聯想到中國唐代從日本前來留學的學問僧，為了了解他們的生活，於是去讀井上靖的《天平之甍》，然後進一步讀從

在生活中，
沈方正熱情探索各種趣味，
表現在閱讀上，
則是個興趣廣泛的「雜讀者」。

唐朝到近代的中國歷史，再對照日本從奈良時代到幕府時代的歷史，甚至去了解佛教對日本的影響。而腦海中也同時思索一個問題：「為什麼中國沒有能從唐朝保存到現在的寺廟？」

這讓他試著從文化、建築、歷史、宗教等不同角度來找答案，也因為閱讀，讓原本可能只是單一面向的樂趣，有了時間的縱深和空間的擴展，而變得更豐富多彩。

買書從不手軟

沈方正買書從不手軟，平均一個月買書的錢就要上萬元，除了是誠品書店的終身會員，也是博客來網路書店的鑽石級會員，不僅如此，他還愛逛舊書店，蒐羅絕版好書。

台灣的舊書店或獨立特色書店，他如數家珍。他曾經一個人專程去花蓮逛舊書店，時光二手書店、舊書鋪子、木心書屋（目前已歇業）都是他的最愛。其他像台中東海書苑、嘉義洪雅書房和台南草祭二手書店，因為有其他地方找不到的書，他也會入內尋寶。不僅如此，懂日文的他到日本旅行，也一定要去逛逛舊書店。

至今，他的藏書早已超過上萬本，家裡、兩個辦公室，再加上員工圖書館、飯店大廳開架式書櫃，還是不夠收藏。走進他的辦公室，桌上除了公文，就是一疊疊最近閱讀的書，

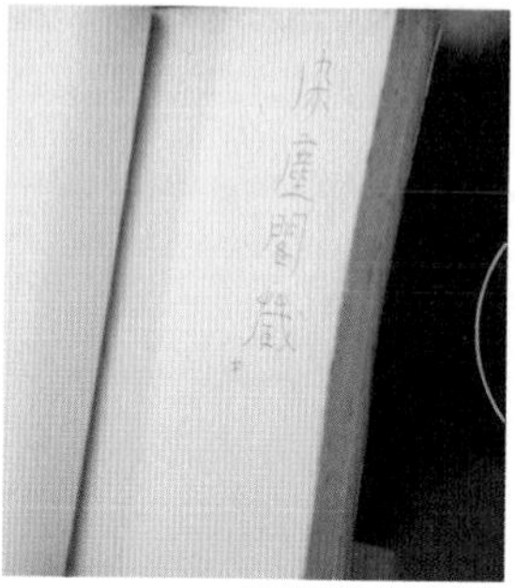

從少年時代就開始苦苦追尋的生命意義，如今也在歲月和閱讀中，漸漸釋懷。

一旁沙發和地上則是一落落已經讀完或準備送人的書。很難想像一位日理萬機的CEO，桌上同時擺著《謎樣的清明上河圖》和《晉唐五代書法》，讓人有點時空錯亂的感覺。

在某些閱讀層面上，沈方正卻非常自由。例如，他挑書的原則是主題好不好玩，好玩就買回家，因為「書價很便宜，只要有興趣，讀幾頁都值得，」沈方正肯定地說。他看書速度很快，但不一定從頭讀到尾，如果因緣未到，無論是時地不宜或興趣還不夠，一旦看不下去就擱下來，等到因緣俱足，自然又會接著讀。

而從少年時代就開始苦苦追尋的生命意義，如今也在歲月和閱讀中，漸漸釋懷。

經過多年的探索，沈方正發現，生死問題古人早已想過千百遍，這是人生必經的過程，不必太焦慮。他更進一步體悟——知道「問題是什麼」比知道「答案是什麼」更重要。現實人生中，每個人的際遇不同，標準答案是不存在的，人生要問對好問題，沈方正解釋：「因為如果你有念書，就會找到屬於你自己的解答。」

即使答案沒有定論，但是透過這樣不斷地閱讀、思考，人生會愈來愈通透清明。他清楚地知道自己在做什麼、為什麼要做，這也是為什麼每天工作忙碌的他，仍然能滿臉笑容的原因。就像工作中難免出現客人的抱怨、同事犯錯等負面狀況，但因為知道這個工作是自己的選擇，所以隨之而來的各式各樣問題，都被他視為生活的附加元素，沒什麼好生氣的，「沒有這些酸甜苦辣，就炒不出一盤菜。」

做個有選擇的人

在這個「big data」的時代，搜尋網站上的每一筆資料、購物網站上的每一筆交易，或是社群網站上的每一筆留言，都會變成數據，不斷被整理和分析，然後每個人生活的各層面，都會非自願性地被無所不在的資訊所置入，將來甚至可能活在一個完全虛擬的世界，就像電影《楚門的世界》那樣，完全被窺視、被控制。

沈方正認為，閱讀在未來會愈來愈重要，進而成為一種對社會潮流的反抗，一種對社會的宣告，表示自己不想成為「me too」（我也是），想擁有自主選擇的權力。

當代科幻小說大師雷・布萊貝利在經典代表作《華氏四五一度》裡，描述一個「所有書都是禁書」的集權統治世界，消防員的職責是焚書，當火焰燃燒到達華氏四百五十一度時，所有記錄人類智慧的典籍都將灰飛煙滅，直到其中一位消防員開始質疑讀書是否真的是件危險的壞事，才開始反抗這個世界。

「我要做個有選擇的人，」不願意被媒體和資訊控制的沈方正說，人最寶貴的是獨立思考的能力，而閱讀正可以幫助他保有這種能力。

沈方正是個用熱情在生活的人，除了投入工作，享受閱讀，也盡情玩樂。身為現代紅塵中的讀書人，他沒有知識份子的憤世嫉俗，反而認真在生活中尋找答案，十足是個透過閱讀在生活中實踐的哲學家。

推薦要讀 Reader`s Favorites
每年出版不可錯過的精選都在這，豐富生活的想像。

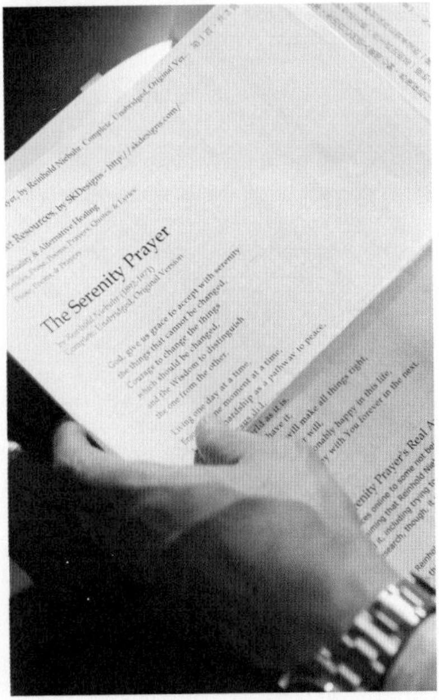
The Serenity Prayer
God, give us grace to accept with serenity
the things that cannot be changed,
Courage to change the things
which should be changed,
and the Wisdom to distinguish
the one from the other.

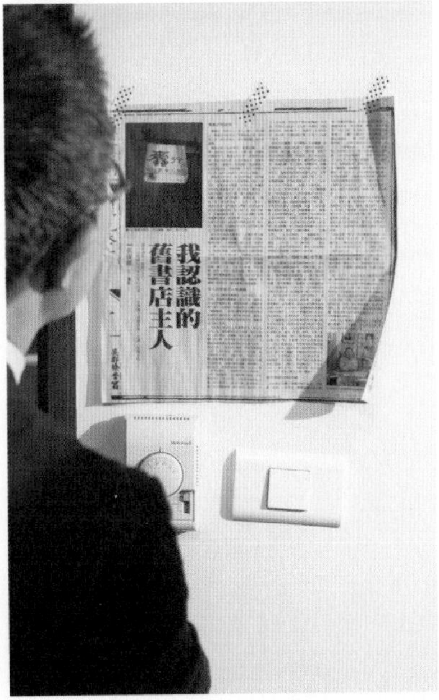
我認識的舊書店主人

沈方正的私書房

01-《生活的藝術》作者／林語堂

推薦理由——介紹中國人文思維給西方人閱讀的巨著，七十多年前寫成，今日看來亦復可觀。

內容簡介——本書是幽默大師林語堂最膾炙人口的著作，也是他以閒適快意的心情撰寫的「私人供狀」，供認自己的思想和生活所得的經驗。原是以英文書寫向西方人介紹中國人文，全書共十四章，探討生命、心靈的價值，並抒發對日常人、事、物的觀感。

02-《萬曆十五年》作者／黃仁宇

推薦理由 ——從小歷史事件出發寫出大歷史觀，精采絕倫的敘述與觀察。

內容簡介 ——明朝萬曆十五年，西元1587年，在歷史上並無重要或關鍵的大事件。然而，歷史學家黃仁宇卻從這一年發生的幾件表面上無足輕重的「小事」，窮盡三十年心血，從皇帝、首輔（類似丞相）、文武官以及有爭議性的學者等幾個人的剖面開始分析，展現明朝覆滅的原因。

03-《東西建築十講》作者／漢寶德

推薦理由 ——建築在你我生活中處處可看，了解建築，生活樂趣大增，此書是看懂建築很好的法門。

內容簡介 ——本書由建築教育家漢寶德「中西建築文化」十堂課的講義與演講融合而成。內容涵蓋中國建築史、西洋建築史、現代建築史及當代建築，架構在以希臘、羅馬文化為起點的西方建築與以中國黃河流域文化為起點的東方建築的對比上，從文化的角度欣賞建築，勾畫出東西建築的輪廓。

04-《幽夢影》 作者／（清）張潮

推薦理由 ——有工夫讀書謂之福，有力量濟人謂之福，有學問著述謂之福，無是非到耳謂之福。

內容簡介 ——本書是清代文人張潮對人生的領悟和自然的靜賞，以優雅的心胸、眼光去發現美的事物，享受藝術家對生活的感受和體驗。全書共兩百一十九條，以格言體形式，凝鍊作者對諸如修身養性、為人處世、風花雪月、山水園林、讀書論文、世態人情各方面的深刻感悟，包含豐富的哲理。

05-《錢買不到的東西：金錢與正義的攻防》

（*What Money Can't Buy: The Moral Limits of Markets*）

作者／邁可・桑德爾（Michael J. Sandel） 譯者／吳四明、姬健梅

推薦理由 ——從哲學角度，帶我們反思資本主義發展下人類道德的極限與合理性。

內容簡介 ——哈佛學者桑德爾在本書中，從插隊、獎勵、市場如何排擠道德、生與死的市場、命名權五面向，以實例佐證市場價值已無孔不入，甚至進而控制人們的整體生活。桑德爾提出幾個思索：世上有什麼東西是無論如何都不該用錢去買的？應該以什麼樣的價值來管理社會及公民生活？

06- *Sherlock Holmes*（《福爾摩斯探案全集》）

作者／Sir Arthur Conan Doyle（柯南・道爾）

推薦理由 ——《福爾摩斯》要看英文版的，你會覺得英文很可愛，當然故事還是很英國、很懸疑！

內容簡介 ——《福爾摩斯探案全集》是被譽為「世界偵探小說之父」的英國小說家柯南・道爾的成名之作。故事以偵探福爾摩斯和醫生好友華生為主軸，開展一系列六十個長短不一的懸疑離奇案件，帶領讀者隨著事件發展抽絲剝繭，推理到水落石出。

07-《關於跑步，我說的其實是……》

作者／村上春樹　譯者／賴明珠

推薦理由 —— 如果你以前看不懂村上或是看不下他的書，那麼從這本開始是很好的選擇。

內容簡介 —— 本書為日本最具影響力的作家村上春樹，以自己持續跑步的行為為軸心的手記。無論在盛夏的雅典、北海道薩羅馬湖、波士頓馬拉松、神奈川住家附近擁有陡峭斜坡的環狀步道、夏威夷州可愛島、紐約秋天的馬拉松，村上翔實記錄下每次跑步的心情，分享他在跑步中所理解的人生以及寫作觀。

08-《發明疾病的人》(*Die Krankheitserfinder: Wie wir Zu Patienten gemacht warden*)

作者／尤格・布雷希（Jorg Blech） 譯者／張志成

推薦理由 ——你生病了嗎？醫學進步到世上不再有完全健康的人是對的嗎？

內容簡介 ——德國醫藥記者布雷希在本書中，從藥品販賣、診斷、精神疾病、婦女症候群、老年病、性愛、基因等方面，揭露了五種販賣疾病的方法：一、把生命正常過程當作醫療問題；二、把個人問題和社交問題當作醫療問題；三、把致病風險當成疾病；四、把罕見症狀當作四處蔓延的流行病；五、把輕微症狀當成重病前兆。藉以提醒世人，「其實你很健康，只是不知道而已」。

09-《過於喧囂的孤獨》(*Prilis hlucna samota*)

作者／赫拉巴爾（Bohumil Hrabal） 譯者／楊樂雲

推薦理由 ——人類對於自己、對於文明社會的鮮活反諷及暗喻。

內容簡介 ——本書是捷克作家赫拉巴爾醞釀二十年的傳世之作，傾注一生對人類文明和進步的深刻思考、無限的愛和憂慮。小說透過廢紙回收站老打包工講述他三十五年工作的通篇獨白，以平靜的筆觸，表達出對那些摧殘、踐踏甚至毀滅人類文化的愚蠢暴行的無比痛惜、憤恨與控訴。

10-《饗宴的歷史》（*Tafelfreuden: Eine Geschichte des Genießen*）

作者／海德倫・梅克勒（Heidrun Merkle） 譯者／薛文瑜

推薦理由——鋪在桌上的桌巾原本是擦手用的！本書以文化歷史的角度介紹西餐的由來，非常有趣。

內容簡介——德國女作家梅克勒從描述《奧德賽》書中的膳食開始，從古希臘羅馬時期、文藝復興時代、中世紀乃至十九世紀，精選出歷史場景，介紹該時期獨特的宴席飲食，並探討用餐如何從單純的營養攝取轉變為美學上的表現。書中探討所有和饗宴與感官、美與品味有關的事物，並觀察宴會中屢見不鮮卻不平凡的現象，也論及待客之道、餐桌文化、宴客習俗、饗宴中的美酒佳餚等。

自我獨立的探索之旅

追尋者

DJ、作家

劉軒

文——李康莉　照片提供——劉軒

劉軒，一位華人世界的跨界創作者。他在紐約念高中的生活被父親寫成勵志書，成為台灣的國中教材，並在華人世界銷售超過一千萬冊。現在的劉軒，是一個用文字與音符講故事的人，他兼任DJ與顧問、為時尚品牌撰寫歌曲，是多本暢銷書作者，上節目、主持廣播、寫專欄、四處演講。

曾經他被認識，因為是作家劉墉的兒子；如今他被認識，是因各方跨界的成就。他是一位無法被輕易定位、卻在各方面都受人矚目的人。

古文相伴的童年

八歲時劉軒隨父親移民美國，在書香環伺的文人家庭成長。閱讀，陪伴劉軒度過孤獨的童年時光。

當時，父母忙碌、無暇陪伴，放學後回到寧靜的社區，沒有太多娛樂，他寫完作業，經常看家裡有什麼，就讀什麼。

父親從舊書攤整批買回的美國版《國家地理雜誌》，還有許多*Time Life Science Series*單行本，有些講細胞、有些講宇宙、有些講科技，都是當時劉軒非常喜歡的讀物。

父親也在《皇冠雜誌》上寫專欄，因此家裡總是有許多過期雜誌，而讓他有機會接觸到倪匡、瓊瑤的連載作品。

除了在成堆的書籍「寶山」中成長，記憶中，具有中國情懷的父親很早就有計畫地「傳授」劉軒古文造詣。

劉軒回憶起那段從小與詩詞相伴的時光。

年僅三歲，父親要劉軒背唐詩；上了小學，又丟了一本《桃花源記》文言本要劉軒背，說兩個星期之後考試。

當時的劉軒尚不能體會古文的意境：「為什麼文言文要弄得那麼難？同一個字有這麼多不同的解釋；為什麼不像現代的中文或英文，一個字一個解釋，很簡單、很直接？」

不僅如此，劉軒放學後還要上中文課，每週交一篇作文、每季依春夏秋冬時令寫一篇散文。當窗外的白人同學吹口哨、溜滑板經過，身為華人小孩，他的青春期卻得在室內咬筆桿度過。這樣的童年，一點都不「酷」。

對古文的複雜心情持續到某一日，劉軒正為作文苦惱，詩詞中想得到的老梗都用完了，怎麼寫、怎麼「臨摹」，感覺都不太對勁。父親搖搖頭告訴劉軒：「你不需要模仿古人，你怎麼說話，就怎麼寫文章，這樣才會自在。」

父親關鍵性的看法點醒了劉軒，他理解到，以模仿為基礎的學習過程中，重點不在字句的鑽研，而在想像、創造與表達。「練習的過程，是要將古典的詩詞消化，藉由想像力，化做有創意的語言，是這個轉化的過程有意義。」回顧當時的情景，劉軒對當時古文教育的目的，有了清楚的洞見。

影響一生的《流浪者之歌》

關鍵性的閱讀影響，則發生在劉軒十五歲那一年。

住在紐約的社區，每週都有固定倒垃圾的日子，時間一到，家家戶戶都把垃圾拿出去，放在街角等人收取。劉軒的奶奶偶爾出門散步，看到別人不用的東西，出於第一代移民的節儉個性，常常忍不住撿回家。

有一天老太太抱了一個大紙箱回來。打開來看，裡面有二十幾本paperback（平裝書）。「這麼多書，我看還挺新的啊？怎麼就扔了呢？」劉軒二話不說，把書全部「接收」，一口氣抱上樓。

關上房門，他一本一本翻閱：*Script That People Live*、*Silva Mind Control Method*、*Poems by Bertold Brecht*……，看起來可能是大學生丟棄，相當深奧、聽都沒聽過的書；其中竟然還有一本用禪學談論修理摩托車的書（中譯《萬里任禪遊》），讓正當青春期的少年劉軒大開眼界。

還有一本小小薄薄的書——德國作家赫曼・赫塞的《流浪者之歌》。

《流浪者之歌》的主角出生在印度上層階級的美好家庭，卻對人生不滿，有一天他遇到一位苦行僧，於是拋下一切，跟著苦行僧上山修行。他想求道卻沒有得道，下山返回世俗之後，被一位美麗的女子吸引，於是費盡心力追求，同時成為一位成功的商人。過程中他歷經一切，又失去一切，回到原點。最後，他來到河邊，經由一位船夫的開導，才豁然開朗……。

文字本身非常淺顯易懂，讀完之後，劉軒內心充滿說不出的感動，並興起一種「啊，人生就是這個樣子」的共鳴。

而書中的訊息：「一切都是好的。人的生生世世都是一個經驗、一場學習，你必須擁抱投入，才能跳出這個循環」，則在劉軒心中留下深刻的印象。

當時的劉軒才升上高中，剛脫離「有門禁、上床時間」的家庭規範，來到一個完全不同的世界。他關上房門、聽龐克搖滾、看禁忌的雜誌，也閱讀這些心靈書籍。

如同書中主角，青少年的劉軒成績優異，各方面表現傑出，卻渴望離開父母的管教與保護。在傳統家庭的羽翼下，他需要尋找自己，並摸索未來的可能性，《流浪者之歌》在他心中埋下了探索之旅的種子。

向探索未來出發

高中時，擁有邏輯頭腦、數理資優的劉軒，在選擇志願上經歷一番探索。原本適合申請理工科系，卻因對音樂的熱情，申請到茱莉亞音樂學院先修班，又進入哈佛大學就讀。入學之後，他有些徬徨，先後考慮過音樂系、經濟系，最後選擇了心理系。

一九九〇年代的哈佛校園，人才濟濟，前有前輩校友馬友友、經濟學家法蘭西斯・福山，後有尚未入學的臉書創辦人祖克柏。

如《流浪者之歌》的主人翁，離開六根清淨的修行、下山體驗俗世人生，劉軒也開始一段「頹廢放浪」的生活。他利用學校彈性的選課制度，參加各種社交活動，左手玩音樂、右手寫文章，並將遇到形形色色的人與事，透過觀察與體驗用文字記錄下來。

據劉墉當時的形容，兒子真是個「玩咖」，回家不到一星期，還沒跟他講上幾句話，人

每一次的出發與探索，劉軒都更認識自己，
跟隨著路途中所遭遇的人與事，
改變人生的航道，找到內心前進的動能。

一下子就又飛回波士頓跑趴。

在思想前進的研究天地，劉軒對外界好奇探索，也不斷思考畢業後的人生方向。每隔一段時間，他都會重新閱讀當年啟發他的《流浪者之歌》，藉由與書中的主人翁對話，再次確認自己的人生態度，那就是：「沒有具體的規劃。唯一的原則就是：投入工作、盡情玩樂與生活，活出『出世又入世』的人生觀。」

碩士畢業後，劉軒跟隨心中的感動，在沒有告知父母的情況下，遠行到阿拉斯加、馬來西亞、墨西哥、英國等地，路程中遇到各種驚險的事件。

如同書中的啟示：在傳統中看似離經叛道、自我放逐的歷程，其實是充滿療癒與生命啟發的旅程。

每一次的出發與探索，劉軒都更認識自己，跟隨著路途中所遭遇的人與事，改變人生的航道，找到內心前進的動能。

透過閱讀，劉軒發現，過去的自己，無論被迫或自願，是活在各樣世俗價值之下，活在美國社會對華人的印象之下，也接受各種主流價值的引導。他不斷地出走，透過體驗生活、轉換身分，也去了父親的故鄉——中國，與不同經驗的人交流，掌握更多面對未來的自信與方法。

而《流浪者之歌》中所談論的「智慧」，關於萬事萬物都在改變，人需要同時保持「入世與出世」，盡情投入世間活動也對一切事物抽離看待，則始終是劉軒所追尋的境界。

因此，放下俗世的課業、名校生的光環，他一有空就回台灣，去南台灣德蘭中心當義工，教導喜憨兒讀英文、跳舞、打鼓……。在一次演講會場他發現，其實許多喜憨兒的父母與子女感情都很好，這些父母並不如他所想像的，會因子女有缺陷就覺得悲傷或羞恥。身為人子的劉軒，反而從與喜憨兒的相處中學習到許多。

不知是偶然還是巧合，劉軒的父親在二十九歲時拋下一切離開台灣、赴美發展；劉軒也在二十九歲時，離開紐約舒適的家、回到台灣，持續探索未來的人生。

網路閱讀之便

近年來，成功打造自己另一片天空的劉軒，並沒有被名聲沖昏頭。他始終默默前往育幼院，或到宗教團體演講。

有感於閱讀形塑了自己的人生，劉軒始終保持閱讀的習慣，更隨著網路發展，在iPad與Kindle上熱烈進行。

> 閱讀需要
> 一段完全沒有打擾的空檔。

「絕大部分都直接從亞馬遜書店網購書籍，推播到iPad上，在睡前輕鬆地閱讀。自從有這樣的習慣後，我的買書量幾乎是暴增，」他說。

「在還沒接觸電子書之前，我也像老派的閱讀者，覺得『唯有紙本貼近我心』；但有了Kindle之後，發現兩者似乎可以並存。現在有了iPad就更方便了，可以直接highlight或按一下bookmark，讀到哪一頁，都可以運用註記的功能，標示中斷閱讀的段落，同步到雲端，」劉軒分享他對網路閱讀的發現與喜悅。

擔任專欄作家的劉軒，有空就上網瀏覽書評，以判斷一本書是否值得閱讀。他的閱讀類別以知識、科普、傳記等非文學為主，比如《犬狼之間的時刻》（John Coates, *The Hour Between Dog and Wolf*），這本書談論在以男性為主的華爾街交易員世界，賀爾蒙如何影響交易心理、左右全球經濟大局；或傳記類作品《逃出十四號勞改營》（Blaine Harden, *Escape from*

Camp 14），唯一從北越勞改營中倖存的生還者所寫的充滿人性掙扎的回憶錄。

他也非常喜愛《異數》的作者麥爾坎・葛拉威爾（Malcolm Gladwell）的作品，「他能將看似不相關的事情串在一起，用講故事的方法傳達新觀念，甚至改變你看世界的角度，令人十分佩服。」這類架構宏大、又有理論論述的研究觀察，是劉軒最喜歡的閱讀類別。

紙本閱讀無可取代

對他來說，繪本、兒童書、詩集，這三種閱讀類型，則是網路無法取代的。

「至於童書，則真的很難被電子書取代，」主修心理的劉軒提出他的觀察，「兒童需要觸覺的刺激，光用平板閱讀，就少了摸到紙張的樂趣。」也因為希望孩子擁有走到書架，從架上拿起一本書、實際「翻閱」的經驗，他和太太會把喜歡的童書買回家給子女讀。

此外，他認為詩集也不適合在電子閱讀器上閱讀。「因為在紙張上的字體、摸起來的質感，或僅僅是沒有切割過的皺皺的紙邊，都會增加閱讀的感受。」

因為做研究與蒐集題材的方便，他會利用iPad上的Flipboard、Zite等APP廣泛訂閱特定類別的新聞與資訊，然後利用空閒時段快速瀏覽。對一位生活繁忙的作家來說，這些應用軟體就像每日服用維他命一樣，隨時撒下廣大的網，聚集所有養分的魚群，也不錯過任何正在發生的事。

工作的空檔，劉軒則會快速瀏覽一些短小精練的作品。網路上經常可見一些素人分享自己的生活，若寫得有梗、有料，也足以讓劉軒感動到掉淚。「這些人若在二十年前，可能都是廣告公司的文案高手，我完全不會否定網路的文學價值，」他說。

「很多短篇呈現的，就是一個味道、一個感覺，就像吃洋芋片，有BBQ、椒鹽或海苔各種口味，雖然不能取代正餐，但是味道都很濃郁，在缺乏正餐的時候，它還是餵得飽你，」劉軒提出他的觀察。

從繁忙生活中抽離

升格為人父的劉軒，生活步調緊湊，在各項通告、演講、主持的空檔，勉強才能擠出一點時間好好閱讀。他感嘆，自己真的太忙了，能靜下心來專注讀一本書的時間愈來愈少，代價就是，也因此失去像閱讀《戰爭與和平》史詩般的小說，「那種全部看完後，覺得oh, life is like this」的宏觀感動。

「閱讀需要定力。台灣的整體氣氛比較浮躁，生活方式也讓人很難有耐心去品味這類長度的作品。」

最近才清理書架，剛剛捐了三大箱的舊書。劉軒最深刻的閱讀經驗，反而是發生在旅途中。「上了飛機，當機艙門關上的那一刻，被迫從日常繁忙的生活抽離，也才能回到專注的閱讀狀態。」

「閱讀需要一段完全沒有打擾的空檔……。幾次我在出差的空檔，開完會回到旅館，沒有小孩或其他干擾，發現可以一口氣消化好幾本書，我非常喜歡這樣的時段……。或是在自助乾洗店，等待送洗衣物的空檔，就坐在洗衣機上，聽著轟隆隆的聲音，一邊閱讀小說，沉溺在文字的想像世界，那對現階段的我來說，真的是非常奢侈的時光。」

與子女共讀

儘管忙碌，劉軒非常重視家人間的相聚時光，包括家中年幼的兒女，每人都有一把專屬的椅子，全家可以聚在一起，各自挑選想看的書。

每晚臨睡前，劉軒都會陪女兒讀繪本。

「大象挖了一個陷阱，螞蟻經過，沒掉進去，大象有一點失望；一隻兔子經過，跳過去了，大象更失望；一隻狗經過，看到洞就尿尿，大象失望到極點了！後來下了一場雨，陷阱變成泥巴坑，所有的動物都跳進去玩耍了，所以大象也開心地跟著跳進去了！」

說完後，父女倆在床上模擬故事書中的情節，在床上用棉被和枕頭做一個「陷阱」，一起「跳進去」。

古文教育埋下鑑賞種子

他曾不明白嚴格古文教育的意義，如今年近不惑，自己為人父母，才開始有點體會。當年那些難以理解的訓練，其實都奠定了孩子良

儘管忙碌，劉軒非常重視家人間的相聚時光，
包括家中年幼的兒女，每人都有一把專屬的椅子，
全家可以聚在一起，各自挑選想看的書。

好的記憶力、音樂的節奏感，也在記憶中埋下一顆美學鑑賞的種子。

這是宛如大江大海的領悟。透過閱讀的扎根，一位華人父母讓從小放洋的孩子，有機會繼承永恆的中文資產，並且開啟豐富的心靈探索。這是文化的傳承，也是他生命中最寶貴的禮物。

劉軒的私書房

01-《流浪者之歌》（*Siddhartha*）作者／赫曼・赫塞（Hermann Hesse）

推薦理由——這是十幾歲時無意間撿到的一本書，竟然影響了我一輩子。大約每七年我就會重讀一次，每次讀都能產生新的感動。

內容簡介——本書是諾貝爾文學獎得主赫塞融合東西文化，探求人類內在精神真實體驗之作。書中以釋迦牟尼佛得道前的悉達多王子身分在繁華世間的修道心路歷程，反映出潛藏世人內心各種不安、迷惑、莫名蠢動誘因力道之強大，帶領讀者追求真我的性靈。

02-《西遊記》作者／（明）吳承恩

推薦理由 ——很小的時候就讀過它的白話文版本，是我心目中最經典的冒險故事。

內容簡介——列名古典小說四大奇書之一，堪稱中國神話小說的代表。全書根據唐朝貞觀年間玄奘至天竺取經的史實，想像為孫悟空、豬八戒、沙和尚保護唐僧西天取經、歷經九九八十一難的傳奇歷險故事。故事發展奇幻，角色天馬行空，筆調幽默風趣，間或以諷刺當時朝廷、社會上種種不平。

03-《超越自己、創造自己、肯定自己》作者／劉墉

推薦理由 ——2007年推出二十週年紀念版時，我針對每一篇文章做了回覆。嚴格來說這算是三本，但對我而言，就如同一篇很長的家書。

內容簡介 ——二十年前，暢銷作家劉墉每晚一封信寫給在紐約讀高中的兒子劉軒，信中針對兒子每日生活所遭遇的各項事件與課題加以發揮與引導，集結成《超越自己》、《創造自己》、《肯定自己》三本著作。二十年後，《超越自己》、《創造自己》、《肯定自己》重新修訂內容，並邀請三十五歲的劉軒「回信」給父親劉墉，公開其從青少年時期到現在各階段對父親教誨的不同反思。

04- *The Economist*（《經濟學人雜誌》）

推薦理由——每週不僅對世界大事做出深度的分析，且有獨到的見解，於我而言是最具有世界觀的雜誌。

內容簡介——以報導新聞與國際關係為主的英文週刊，報導內容除了經濟事務，每一期也提供重要政經新聞的分析與意見，或有一、兩篇針對科技和藝術的報導及書評，每兩週還會就一個特定地區或領域進行深入報導。

05-《百年孤寂》（*One Hundred Years of Solitude*）

作者／馬奎斯（Gabriel José de la Concordia García Márquez）

推薦理由——在讀這本經典名著之前，我不知道原來還有「魔幻寫實」這樣的創作筆法，而且它竟然比任何的寫實都還要寫實。

內容簡介——馬奎斯獲得諾貝爾文學獎的代表之作。藉由哥倫比亞邦迪亞家族六代人因權力與情欲糾葛引發的興衰起落，表現拉丁美洲多年來文化、歷史、政治的諸面向。全書揉合了幻想與歷史，是一齣包括夢幻與現實、愛情與戰爭、生命與死亡的悲喜劇，為魔幻寫實文學的經典。

06-《旅途上》(*On The Road*) 作者／傑克．凱魯亞克(Jack Kerouac)

推薦理由 ——每一個美國青少年在年少輕狂時都會愛讀的一本書。你可以說它是美國版的《革命前夕的摩托車日記》，只是它更叛逆、更頹廢一點。

內容簡介 ——美國戰後「垮掉的一代」代表作家傑克．凱魯亞克的半自傳式小說，為美國戰後文學經典。故事從青年作家剛與妻子仳離、大病初癒，萬念俱灰的人生轉折為起點，描寫一群死黨放浪不羈、縱情聲色的生活，透過肉體的放縱與棄絕，體現自由、友誼、愛、狂歡的生命本質；他們漫無邊際的四處遊走，「on the road」是唯一的口號和目標。

07-《可笑的愛》(*Laughable Loves*) 作者／米蘭．昆德拉(Milan Kundera)

推薦理由 ——米蘭．昆德拉一直是我非常欣賞的文學家。除此之外，我覺得他也是心理學家、政治學家和哲學家。這本由短篇故事集結而成的小說集，描述人與人之間在誤會之中產生的荒謬與美麗，十足動人。

內容簡介 ——捷克作家米蘭．昆德拉的短篇小說集，包含：〈搭便車遊戲〉、〈舊鬼讓位給新鬼〉、〈沒有人會笑〉、〈代表永恆欲望的金蘋果〉、〈談話會〉、〈二十年之後的哈維爾醫生〉、〈愛德華和上帝〉。七篇故事各自獨立，卻又巧妙相連；由單純的人物、故事背景組成，串聯出七個荒謬、可笑、自作自受以「愛」為主軸的人生景色。

08- *Playboy Magazine*（《花花公子雜誌（美國版）》）

推薦理由——從前跟同學們互相偷偷傳閱，長大後才發現裡頭的文章與報導也都相當有份量，而且品味不俗，只看圖片就太可惜了！

內容簡介——美國成人月刊，1953年由休．海夫納創辦，除了美國之外，更在多個國家出版當地版本。內容除了女性裸照外，也介紹時裝、飲食、體育、消費等，此外也有短篇故事、名人專訪及新聞時事評論，以言論傾向自由主義聞名。

09-《幸福之路》（*The Conquest of Happiness*）作者／伯特蘭．羅素（Bertrand Russell）

推薦理由——很久之前親戚給我的一本長篇哲學散文，一開始完全看不懂。但細細咀嚼之下，卻讓我心中產生許多疑問。有關快樂、成功、生命的意義……開啟了我很多方面的思考。

內容簡介——英國哲學家伯特蘭．羅素於1930年所寫的生活哲理小書。書中討論了各種常見的問題，如生存競爭、煩悶、嫉妒、疲勞等等，以及作者認為可以避免的方式，他的邏輯推理使其理性的勸誡看起來就像最簡單的常識。

10- *The Rand McNally World Atlas*

推薦理由 ——其實這就是一本地圖集，但它不僅是參考書，也是一個探險家的心靈寶藏圖。在Google Map還沒出現的年代，翻開它的任何一頁，看著那些彎曲線條中的陌生地名，總是會讓我充滿想像和探險的欲望。

內容簡介 ——Rand McNally公司成立於1856年，以各式地圖集為出版大宗。該公司在地圖製作上的創新，包括創建地圖與道路編號、出版第一本全彩版地圖集。1961年，更因不滿意現有的直觀描述投影方法，委託羅賓森教授開發「極線偽圓柱投影法」，此後許多地圖集都廣泛使用。而隨著網路時代來臨，近年則積極開發各項車用與戶外手持GPS地圖系統。

為兒童閱讀
四處「放火」

燎原者

兒童文學作家
幸佳慧

文——林宜諄　攝影——陳宗怡

最近幾年，台灣的兒童文學界好不熱鬧，因為出現了一位「俠女」幸佳慧在童書領域四處「放火」。

留著一頭秀麗長髮，穿著一襲長裙，瘦瘦高高、外表甜美的幸佳慧，說起話來像放連珠炮。一談起公共議題，她的聲調立刻高亢而激動，彷彿迫不及待要掀起一場革命；聊到兒童閱讀，她又變成一位溫柔的說故事姊姊，邊講故事邊提問，不斷引發小朋友思考。

一般人可能很難想像，一位兒童文學作家為何能夠如此精力充沛，急切地想要改變已經僵化的社會。

幸佳慧不只引介、翻譯優秀的國外童書給台灣讀者，自己也創作探討性別、人權和公民意識的童書；為了鼓勵老師和家長帶孩子深層閱讀，她寧願長期睡眠不足，全省走透透，一年演講一百多場。

攻得英國兒童文學博士學位後，幸佳慧回到故鄉台南，與志同道合的朋友創立了「台南葫蘆巷讀冊協會」，推廣閱讀，尤其致力於學齡前兒童的閱讀扎根，同時藉由培訓說故事的種子教師，帶領孩子從閱讀啟動思考。

她還爭取到台南市立森林兒童圖書館的經營權，成為全國第一所委外經營的公共圖書館，要透過改造兒童圖書館的樣貌，推動閱讀環境的革命。

她不僅籌組「台灣兒童圖書館聯盟」，希望形成一股推動改革的力量，也在思考如何透過閱讀活動，幫助自閉兒、過動兒等身心障礙的孩子。

幸佳慧擁有如此源源不絕的動力，其實跟她的閱讀經驗有很大的關係。

懵懂的文字魅力

幸佳慧從小在台南府城長大，家裡開電器行，在那個年代，有車子、有冷氣的家境，算是很不錯的。她從小學畫畫、彈鋼琴，上小學後就讀國樂班，彈的是琵琶。

家中四個孩子共用一間書房，雖然沒有童書可看，但大孩子會帶著小孩子閱讀。還是小學生的幸佳慧，當時便跟著已經念國中的姊姊看作家趙寧的散文集，甚至跳級閱讀日本作家三島由紀夫的知名小說《金閣寺》，雖然她對書中的意境懵懵懂懂，但也因此感受到文字的魅力。

因為班上訂閱《國語日報》，老師特地準備了一本剪貼簿，指定幸佳慧和幾個同學負責剪報，利用午休的四十分鐘，幫同學篩選文章。報上的連載故事深深吸引幸佳慧的目光，她一篇篇蒐集起來細心貼上簿子，還幫忙畫花邊、貼插圖，儼然是個稱職的小編輯。

當時中小學生很流行看日本漫畫，幸佳慧除了跟著沉迷漫畫的哥哥去租書店借書，也跟著班上同學一起傳閱。不過，她為了搞懂連環圖畫裡文字與圖畫間的關聯和順序，看的速度特別慢，所以總是被排到最後一個借閱。

在學校的規定下，幸佳慧小學畢業時已經背完《唐詩三百首》，連〈長恨歌〉、〈琵琶行〉也能抄寫默背，但即使可以倒背如流，還是無法體會詩中的意境。

雖然熟讀詩詞讓幸佳慧上了中學後常能引經據典，而在寫作上獲得高分，但長大後的她，卻非常反對背詩、背成語的傳統中文教育。

她認為，「詩詞和成語都是別人的思考，成語會扼殺創造力，制約我們的想像。」所以老師應該在教導學生欣賞、了解其中的意境後，進一步啟發孩子的思考和創作，不應該把時間浪費在死背上。

愛打抱不平的俠女

高中時期，幸佳慧迷上了《福爾摩斯探案》和《怪盜亞森羅蘋》兩部小說，偏偏圖書館裡借不到，心急的她不惜拿出所有零用錢把整套書買回家，然後一本接著一本啃完。書中

幸佳慧認為，
老師應該在教導學生欣賞、
了解其中的意境後，
進一步啟發孩子的思考和創作，
不應該把時間浪費在死背上。

主角行俠仗義、打抱不平的個性，跟幸佳慧的「俠女」性格不謀而合。

家中排行老三的幸佳慧，平常是父母、老師眼中的模範生，但在關鍵時刻，她內心深處的「小叛逆」就會跳出來。

小時候，幸佳慧的爸爸因為工作的關係，經常要應酬喝酒，但酒後卻會把四個孩子叫出來排排站，聽他訓話。這時候，如果爸爸講得不對，只有幸佳慧敢跳出來糾正。

不過，這不是好辦法，幸佳慧用盡各種方法預防爸爸喝酒，除了寫信「勸導」，她甚至發揮美術天分，製作禁止喝酒的海報貼在客廳，上面寫著：「爸爸的健康，是全家人的幸福」，旁邊再畫上一個骷髏頭，讓爸爸又好氣又好笑。

小時候身體不好的幸佳慧，在小學四年級時意外加入學校田徑隊，原本跑步速度很慢的她，為了爭一口氣，高年級時居然變成全班跑最快的人。

有一天，她看不慣田徑隊的男生用言語欺負女同學，於是決定跳出來單挑他們，好讓他們不敢小看女生。她和十幾個男生打賭，看誰能跑步堅持到最後。結果，大家一連跑了十幾圈操場後，還剩下一個男生苦撐著。幸佳慧憑著一口氣，用毅力將對方淘汰，拿到最後的勝利，從此同學們都對這位「體育健將」刮目相看。

進入成人世界後，只要看到不合理的社會現象，「俠女」幸佳慧一樣會忍不住跳出來說「公道話」。如果遇上「西裝人」（即政府官員），她還刻意在他們面前講得更大聲。在個人「臉書」上，幸佳慧除了分享閱讀的訊息，還常分享她對時事的觀點和批評，影響了將近八千位網友，然後再透過他們的力量把訊息發散出去，影響力不可小覷。

踏入自由奔放的外文童書世界

幸佳慧大學考上成大中文系，但她對傳統國學和訓詁學沒有興趣，反而喜歡現代文學。大三時，因緣際會加入了中華民國兒童文學學會，她開始寫童話故事投稿，也為兒童文學創作之路埋下伏筆。

那時候，台灣剛解嚴不久，第一家誠品書店在台北開幕。幸佳慧專程從台南趕來，在誠品書店的童書區，她第一次見識到內容多元、充滿創意的外文童書繪本，青春的臉上表情

> 我們國家花了大筆的預算
> 推廣閱讀，
> 但是站在第一線的老師
> 卻不愛閱讀，
> 也不懂得怎麼閱讀，
> 這是很荒謬的事情！

既驚訝又不滿。

帶著彌補童年缺憾的心情，幸佳慧拿出所有兼家教打工的收入，瘋狂地買下許多童書、藝術書，手筆之大，很快就取得書店的終身會員資格。

進入繪本的世界後，她發現，繪本跟漫畫很不一樣，單單一張圖就有很多細節和意涵，而且繪本內容可以很放肆、很頑皮，能在無形中形塑人格特質。

但是，這些都是台灣教科書裡所沒有的，也是她從小到大的閱讀經驗所欠缺的。這不禁讓她思考：台灣的教育和閱讀到底出了什麼問題？

畢業後開始工作，幸佳慧擔任童書編輯，並在台灣第一家網路原生報《明日報》，當了一年閱讀版記者，主跑藝術和童書。

她以記者的身分，訪問了許多台灣本土的繪本作家，這段資歷讓她對台灣和國外童書文化的差距，有了深深的疑問。

三十歲那年，她毅然決定飄洋過海，留學英國尋找答案。這期間，她主持一個叫「童書榨汁機」的社群網站，引介國際童書的出版資訊，成為國內童書愛好者的資訊來源；除了翻譯國外童書，她也寫了幾本兒童文學導讀書，其中《跳進兔子洞——英倫童書地圖》還獲得金鼎獎的殊榮。

童書作家也有社會影響力

在英國的探索，讓幸佳慧邂逅了瑞典國寶作家阿思緹・林格倫（Astrid Lindgren, 1907～2002）的作品《長襪皮皮》。這本一九四五年出版的「祖母級」童書所創造出來的主人翁皮皮，從此住進了幸佳慧的心裡，讓她立志成為「大皮皮」。

九歲的皮皮是個充滿反抗意識小女孩，總是綁著兩條紅髮辮子、穿著一雙不同花色的長襪和黑鞋，她會「說謊」、不愛上學，跟鄰居一對「乖乖牌」兄妹很不一樣。皮皮獨立、樂觀又有正義感的性格，以及熱愛自由和冒險的精神，從半個世紀前就深深吸引了無數的瑞典小女孩，成為她們的偶像。當今瑞典女性在職場高就業率的表現，某個程度上就是受到皮皮的影響。

林格倫將兒童人權、獨立思考等概念寫進書中，不僅影響了瑞典的教育體系，更進一步促成瑞典在一九七九年通過了全世界第一個「兒童全面零體罰法案」。

為了更認識這位偉大的兒童文學作家，身為忠實讀者的幸佳慧，放下手中的論文寫作，用朝聖的心情實地走訪林格倫成長的小鎮，在風雪中拜訪了她的親人、研究林格倫作品的學者和出版社。

她發現，這位活到九十四歲高齡、畢生熱愛兒童的作家，雖然作品暢銷賺進巨額版稅，卻寧願捐做慈善，終其一生過著非常簡樸的生活，直到去世，都沒有置產投資。

這趟旅行給了幸佳慧很大的震撼，她見識到一個童書作家的影響力，也更真實地了解童書的社會意義。她決定從紙本世界走出來，她對自己說：「如果想成為一個童書作家，就要能改變社會；如果要成為一個研究者或推廣者，就要讓好作品被讀者看見。」

在台灣，很多家長和孩子都聽過寫童話故事的安徒生，或是寫《哈利波特》的J. K.羅琳，卻很少人認識林格倫。在指導教授的支持和鼓勵下，幸佳慧暫時休學，專心寫下《永遠的林格倫》（二〇一二年改版為《走進長襪皮皮的世界》），希望將這位偉大的兒童文學作家推薦給國人。

不過，當二〇〇八年台灣的出版社引進《長襪皮皮》中文版，竟然有不少家長抗議：「怎麼能出版一本鼓勵小孩說謊、拒絕上學的童書？」這件事對幸佳慧來說，是一個不小的打擊。

幸佳慧發現，台灣一般的老師和家長對於閱讀的理解非常表層，他們只看到皮皮對抗大人，卻沒有看到「孩子為什麼這麼做」的第二層意涵，以及「作者為什麼這麼寫」的第三層意涵。

帶領大小朋友深層閱讀

既然台灣讀者無法靠自己讀懂世界兒童文學經典，幸佳慧只好跳下來教大家怎麼讀。

還沒畢業之前，幸佳慧最想做的事，其實是「躲起來在森林裡寫故事」，當時指導教授卻告訴她：「妳不應該去大學裡教書，而應該到處去演講。」沒想到教授的話，一語成讖。

幸佳慧記得，她第一次到國小面對孩子，是因為收到一所桃園的小學寄來的三十封信，原來三十個孩子在看過她創作的繪本《親愛的》之後，每個人寫了三個問題給她。一開始她很感動，但是仔細看完這三十封信的九十個問題之後，她卻生氣了，因為這些信的內容

既然台灣讀者
無法靠自己讀懂世界兒童文學經典,
幸佳慧只好跳下來教大家怎麼讀。

都很雷同，問題又太淺，她當下就決定抽空去拜訪這所小學，好好帶領他們閱讀。

她不想給孩子簡單的答案。把小讀者的問題分門別類後，她要求孩子扮演起小偵探，自己從故事中找出答案。她用不斷提問的方式，引導小朋友討論結果，如果大家意見不同，她就讓能問深層問題的孩子站出來說話，進而引導其他同學思考，並說出接近的答案。

兩節課下來，一旁觀摩的故事媽媽和老師都非常震驚：原來繪本故事的背後，可以有這麼多深層的意義，閱讀課居然可以這樣上！

「我們國家花了大筆的預算推廣閱讀，但是站在第一線的老師卻不愛閱讀，也不懂得怎麼閱讀，這是很荒謬的事情！」幸佳慧相信，閱讀不僅僅是一種愉悅，而是一種理解、思考與批判的能力。

她決定把自己做研究時摸索得來的閱讀方法，透過一場

林格倫將兒童人權、
獨立思考等概念
寫進《長襪皮皮》書中。

場演講，毫不吝嗇地分享給台灣各地的老師和家長。但是單靠自己太慢了，於是她透過協會，不斷培訓懂得引導孩子思考的志工媽媽，讓她們到處去說故事，影響其他媽媽。

未來重心著眼青少年閱讀

台灣讀者大多喜愛甜美可愛、輕薄短小又沒有負擔的童書繪本，當作「生活中的維他命」，很難接受主題深沉或嚴肅的作品。

幸佳慧不滿沒有大人把「重要的事情」寫下來，留給台灣的下一代，所以乾脆自己動筆。她把人權歷史與社會正義、環境意識與環保運動、金門戰地的常民生活和單親小女孩照顧父親等有社會意識的嚴肅題材，統統寫進了少年小說或繪本裡，讓台灣的「童書繪本」產生了不同的深層面貌。

許多人把幸佳慧和「繪本」聯想在一起，其實她博士論文研究的主題是少年小說，而她的第一本創作《我就是這樣！》，也是取材自台灣社會現實的少年小說。

相較於兒童繪本，少年小說在台灣是被忽略的一塊領域，國外的少年小說來到台灣後，常被歸類為成人的輕小說。幸佳慧認為，台灣的青少年也許是看不到和自己切身相關的書，才會失去看書的興趣，這讓懷著使命感的她，打算將來更關注少年閱讀的領域。

小時候的幸佳慧只想當圖書館管理員和農婦，如今卻被台灣媒體形容為「愛放火管閒事的俠女」。回到台灣後，她有一半時間在各地奔波，上山下海去顛覆一般人對閱讀的觀念。因為幫助國人提升閱讀能力，實踐林格倫的精神，已經成為她生命的一部分。■

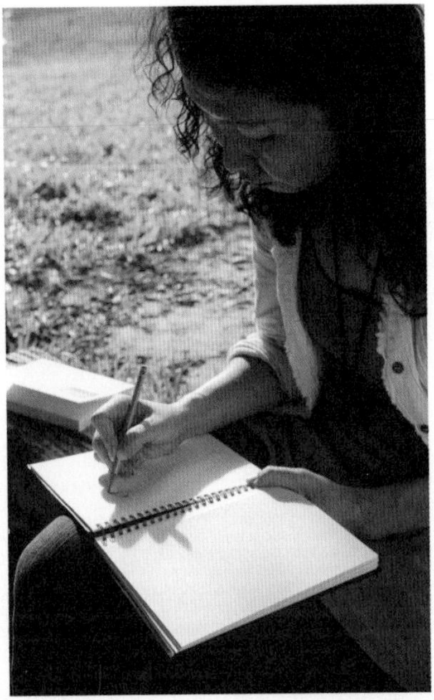

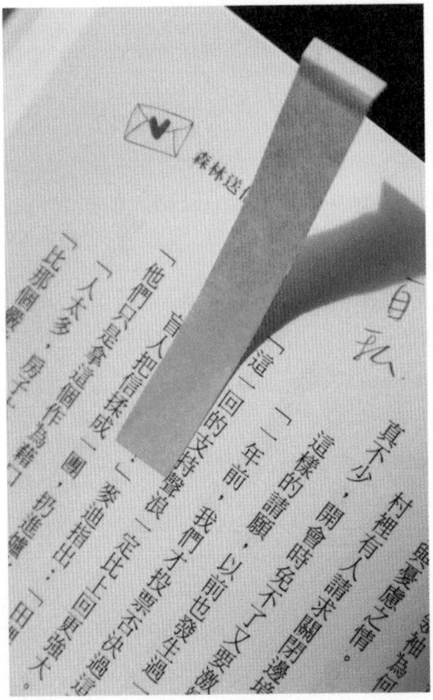

幸佳慧的私書房

01-《黑暗元素1-3》（*His Dark Materials*）

作者／菲力普．普曼（Philip Pullman） 譯者／王晶

推薦理由 ──《黑暗元素》是第一部獲得英國成人文學首獎的少年小說，它以嚴謹結構反映了人類隨著年齡增長、組織運作而異化的面貌，細膩論述了「不服從的叛逆」與「追求正義自由」的關聯，也大大讚揚兒童與生俱來的天賦與特質。

內容簡介 ── 本系列為英國小說家菲力普．普曼的暢銷奇幻作品，包含《黃金羅盤》、《奧祕匕首》、《琥珀望遠鏡》三部。從十二歲這個年紀的視角切入，在「天堂」與教廷高壓箝制、人類反抗的背景下，描寫友誼和勇敢、堅持，還有所謂善惡的樣貌，想像出一個沒有神卻仍充滿希望的世界。

02-《長襪皮皮1-3》(*Pippi Langstrump*)

作者／阿思緹・林格倫(Astrid Lindgren) 譯者／賓靜蓀

推薦理由——《長襪皮皮》自1944年出版以來，大人小孩無一不愛，它深刻諷刺了人類生活方式演進的荒謬。林格倫以極幽默的筆法提供了非典型、體制外的觀點與價值，可以說，這三本書大幅塑造了瑞典乃至歐洲的兒童權益、女性自主與教育多元等價值觀。

內容簡介——《長襪皮皮》系列是瑞典兒童文學大師林格倫的成名作。故事主角為火紅頭髮、力大無窮、好開玩笑、喜歡冒險的長襪皮皮，因為她身上沒有太多框架，所以能充分享受身為孩子的快樂，並帶領乖巧的鄰居盡情玩耍，讓他們原本平淡的生活變得多采多姿。

03-《梅岡城故事》(*To Kill a Mockingbird*) 作者／哈波・李(Harper Lee)

推薦理由——作者將一件發生於她小時候的社會事件，寫成一本由孩童眼光看人性懦弱與易於妥協本質的小說，竟引發了美國司法一連串改革。這本經典，值得時時被人討論、紀念。一時的社會價值，不是永遠的真理。正義，永遠需要透過辯證、挑戰，由少數人挺身促成。

內容簡介——本書是美國作家哈波・李最廣為美國人閱讀的種族相關書籍之一。小說背景為三〇年代的美國南方小鎮，主角的父親是道德端正的律師，他被法庭指派為一位被指控性侵害的黑人辯護，在這過程中展開對種族歧視與濫判無辜等議題的鋪陳與深思。

04-《記憶傳承人》（*The Giver*）作者／露薏絲・勞瑞（Lois Lowry） 譯者／鄭榮珍

推薦理由 ——故事裡的人們為了解決眼前困擾，如生養小孩、工作分類、尋找配偶、感知情緒等，以高控管與高科技將人類的生活方式一一簡化為標準流程，放棄自然人的特質。看似烏托邦的結構，深刻分析了人類因體制生活帶來的不安與矛盾，作者對過度發展的醫學與科技，丟出一個震撼的警訊。

內容簡介 —— 本書是兩次榮獲紐伯瑞金牌獎的青少年小說大家露薏絲・勞瑞的警世寓言。小說開篇先構建了類似烏托邦的未來社會，描述十二歲男孩喬納斯生活的社區沒有痛苦與衝突，經過刻意同化，人們的生活不帶一絲感情。再藉由喬納斯被挑選出來接任「記憶傳承人」這個職位，循序漸進揭露烏托邦社會底層下的空虛與威脅。

05-《安妮日記》（*Het Achterhuis*）作者／安妮・法蘭克（Anne Frank）

推薦理由 ——這本史料性的經典作品，永遠不會過時。它提醒我們獨裁專制如何埋伏在太平之世，它提醒我們一個小女孩與生俱來的才華天賦與她高貴善良的心思，也提醒我們她手中的一枝筆如何帶給世界深遠的影響。

內容簡介 —— 本書為猶太少女安妮為躲避德國納粹追捕的兩年間所寫的日記。她以最坦誠、敏銳且充滿深刻自省的早慧心靈，一一捕捉自己在戰火中的心路歷程、與家人之間的衝突掙扎、青春期少女成長的萌動與渴望，以及對於自由、尊嚴和人性價值的終極信念。

06-《魯冰花》作者／鍾肇政

推薦理由——在台灣高壓的一九六〇年代，鍾肇政寫出一本以自由精神為底蘊的作品。它後來改編的電影，更成為台灣好幾世代的生命共同記憶。《魯冰花》傳唱著台灣人即使活在權貴剝削的禁閉困苦中，永遠渴望自由創造的開闊精神。

內容簡介——這是台灣鄉土作家鍾肇政發表的第一部長篇小說。故事描寫一對相依為命的姊弟，弟弟雖得老師慧眼看出有繪畫天分，但因家境清寒且身分不及鄉長之子，不得參加繪畫比賽，抱憾而逝；生前送給老師紀念的畫作卻在他死後得到世界首獎，留給大家無限感慨與遺憾。

07-《讓天賦自由》（*The Element: How Finding Your Passion Changes Everything*）

作者／肯・羅賓森（Ken Robinson）、盧・亞若尼卡（Lou Aronica）　譯者／謝凱蒂

推薦理由——我們都知道，每個孩子都有其獨特天賦，卻不是每個人都能在社會建構的重重框架枷鎖中，讓天賦獲得嶄露、延續並且發揮。這本書，讓我們有機會再次檢視自我與他人生命的去向與連結。

內容簡介——被譽為「世界的教育部長」的國際知名人力資源專家肯・羅賓森爵士，在本書中以近六十個真實感人的故事，顛覆傳統的思考模式，引導讀者找出與熱情結合的專屬天賦及實踐管道，及該如何用正確的態度面對際遇，跨越年齡的限制，活出天命人生。

08-《怪物來敲門》（A Monster Calls）

文／派崔克・奈斯（Patrick Ness）圖／吉姆・凱（Jim Kay） 譯者／陳盈瑜

推薦理由 ——作者與繪者，同時將人對於死亡的恐懼及對於愛的渴望，極致地勾勒出來。它是那麼寫實卻又那麼奇幻，是新型圖文小說的代表作之一，讀完它，會有讓人想成為一名奇幻作家的想望。

內容簡介 ——出版史上第一本同時榮獲兩項童書界最高榮譽卡內基文學獎、凱特格林威獎的作品。藉由十三歲主角康納與怪物交換故事，拼湊出他內心深處最黑暗的祕密，是一部觸及人們對於失去的恐懼並學習接受失去的感人故事。繪者對於光影的獨特描繪，更延展了故事的力道。

09-《動物園》（Zoo）文、圖／安東尼・布朗（Anthony Browne） 譯者／柯倩華

推薦理由 ——很多人以為自己活得很自在得意，不過，這本書應該有機會讓他們換個腦袋想想。很多人以為他們很會讀字或很會賞圖，那麼，這本書應該也會讓他們驚訝、改觀。不過，也可能統統不會，原因是他們連一本好書沒看懂都不自覺。

內容簡介——國際安徒生繪本大獎得主安東尼・布朗1992年獲選英國凱特格林威獎之作。表面上是小男孩平鋪直敘一家人逛動物園的日記，實際上卻是發人省思的故事，從動物園存在的意義到尊重生命、善待生命等議題，都可從書中左右大小圖的對比，看出作者的用心安排。

10-《兔子》（*The Rabbits*）

文／約翰・馬斯坦（John Marsden）圖／陳志勇　譯者／黃聿君

推薦理由——這個作品，文字有著詩性的簡練，卻承攬了寬廣而複雜的歷史；圖像變化豐富，卻直指同一件傷痛事實。讓人振奮的是，創作者具遠見與勇氣的控訴，多年後獲得真實世界的回應，澳洲總理對於「被偷走的世代」公開道歉，成為虛構作品與真實世界交會時，最響亮的碰撞聲響。

內容簡介——本書是澳洲知名小說家約翰・馬斯坦與華裔繪本作家陳志勇，對澳洲殖民歷史的寓言之作。以兩百多字的短文搭配冷冽的畫風，描述身著奇裝異服的外來兔子入侵原本安居樹上的兔子世界，在美麗草原上帶進所謂的文明，蓋起一棟棟建築，並控制掠奪草原上兔子原有的一切。

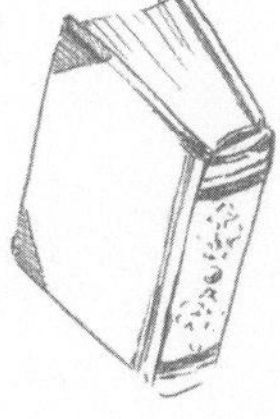

把喜歡的作者當老師

沉吟者

親子教養作家

陳安儀

文——李俊明　攝影——黃鼎翔

談起閱讀，陳安儀受到父母的薰陶最深。

由於幼時很早就學會說話，母親便教她背誦唐詩、宋詞，尤其母親喜愛的宋詞，陳安儀兩歲半就能背出四、五十首，讓人嘖嘖稱奇。她小時候隨母親在桃園搭車，總能流暢背出一首首詩詞，讓同車乘客不時驚奇地回望這位小神童。

在家裡，自然就有閱讀的氣氛與環境。陳安儀的母親雖然學歷不高，但是很愛讀書，家裡總是訂了她喜愛的《皇冠》與《姊妹》等雜誌。而且從陳安儀小學一年級起，每天都有《中國時報》、《中央日報》、《國語日報》三份報紙送至家裡，《國語日報》自然成為陳安儀的最愛。

在那無憂無慮的童年時光裡，讓她最珍視、留在身邊最久的，是父親為孩子們購置的光復書局《彩色世界兒童文學全集》。這整套二十五冊的故事集，陪伴陳安儀度過最美好的成長時光，後來她的孩子也讀著同一套叢書長大，有幾本書被翻到破損，還用膠帶細心修補，捨不得丟棄。

而在陳安儀的閱讀養成之中，父親的影響最為關鍵。

不論是《小太陽》、《福爾摩斯》，或是光復書局的《彩色世界兒童文學全集》，陳安儀小時候閱讀的內容，多由父親決定。她與弟弟共同的深刻記憶，就是父親會帶他們到書店買書，引薦課外讀物。

特別喜愛閱讀文史書籍的父親，帶領孩子閱讀的方式，是「推薦」而不是「強迫」。

「我爸爸會引導孩子看書，因為他自己看的也多。比如說武俠小說，他會分析金庸比古龍好看；如果是偵探小說，他也會推薦《福爾摩斯》而不是《亞森羅蘋》，因為他覺得前者寫得比較好。我們看了，也確實覺得精采，對父親的推薦欣然接受。」

只想在教室讀書

小學三、四年級，陳安儀開始瘋狂迷戀上閱讀，不過因為課業表現不佳，近視又不斷加深，父親便決定將她的房間淨空，把課外讀物打包，置於高櫃上，不讓陳安儀繼續沉迷。

「那時候已經來不及了！」陳安儀笑著回顧，「我在家裡看不到書，所以只要一出家門，就對同學『偷、拐、搶、騙』，把所有能看的

“抄寫，像一種理解作家文字創意的記憶過程。”

與其追隨熱潮，
不如把時間拿來
重讀經歷時間淘選、
屹立不搖的經典作品。

書都搜刮來，趕在下課前趕快讀完，」陳安儀細數，老師看她這麼著迷於閱讀，只想待在教室，有點擔心她與現實脫節，還在畢業紀念冊上題贈：「書中世界雖然是一座寶藏，但是書外世界也需要妳去探索！」

在那藉由閱讀探索世界的過程中，「小說」有著舉足輕重的地位。陳安儀回憶，父親一次無意間的推薦，讓她打開「潘朵拉的盒子」，一發不可收拾地愛上小說。

原來，陳安儀國中到台北念書時，父親還在桃園的國家中山科學研究院擔任研究員，每週會搭車到台北探望她。有次父親下了火車，在書攤上為她買來《莫泊桑短篇小說選》，推薦給她。

「有趣的是，我父親其實從來不看小說！」陳安儀回想當時的小說初體驗，「第一次讀莫泊桑，看的是〈修椅子的老婦人〉這篇小說，看完立刻覺得很震撼，因為他非常擅長描述微小的事情，讓我覺得實在太神妙。」

細細抄寫品味

因為受到震撼，也因為極度喜愛，陳安儀用她一套獨特的方式品味閱讀。

體驗文字最好的方式之一，
就是透過聲音
感受文字的音律、節奏。

她笑說自己高中時期很有少女情懷，酷愛那些文字優美的宋詞，就把幼時即已耳濡目染的經典再找出來，用薄得透光的信箋紙，一首首抄寫下來。當時她的書房桌墊底下，滿滿都是李清照、李後主、蘇東坡、辛棄疾等人的作品。

她也很難解釋，那時到底為何像著魔一樣，瘋狂描摹、抄寫自己喜愛的文字。可能是一種想把「文字之美」留住的悸動，讓她試著想要更貼近作者吧！

例如，陳安儀曾將張愛玲的短篇小說〈心經〉一字不漏手抄在筆記本上，在動筆過程中細細回味張式敘事的魅力。

陳安儀憶及初識張愛玲的小說，便對她的短篇驚為天人，〈心經〉讓她至今難忘，雖然題材是頗為駭俗的父女戀，但張愛玲將故事主角的微妙心緒掌握得絲絲入扣、觸動心弦，「好像沒有這樣親手抄下來，就無法發洩內心對於故事的感動！」

陳安儀自我剖析，「抄寫，其實很像一種記憶過程，想把文字背誦下來，試圖理解作家文字的創意。」

「我認為文字創作跟繪畫等藝術形式一樣，我們看到、感受到某些事物，受到觸動後，會想要將之留住，」陳安儀比較，相對於拍照將景物定格，她想用抄寫或朗讀捕捉對文字的感動。

把喜歡的作者當老師

人在年輕當時，情感通常會格外豐沛，對於喜愛的事物，擁抱的強度會更驚人。「我回過頭看自己寫過的東西，會納悶自己當時怎麼那麼激動！但這是因為生命中有些片刻，我想要將之保留，不願意它就此消逝，藉由這種捕捉，享受那種活著的美好。」

現在的她雖然不再抄寫，但還保有一個習慣，就是會大聲朗讀自己喜歡的文字，陳安儀也鼓勵孩子這麼做。「我認為體驗文字最好的方式之一，就是透過聲音感受文字的音律、節奏，這其實也是與抄寫有異曲同工之妙的閱讀習慣。」

有時候，她還會透過模仿作者行文筆調，來訓練寫作技巧。陳安儀回憶，有次讀了作家袁瓊瓊的散文，由於內容十分幽默，讓她笑到停不下來，字字句句在她腦中盤旋不去，因此凌晨三點，她決定起身，在部落格寫了一篇〈無底洞〉，用同樣幽默的方式敘寫女兒的超大食量。

第一次，她寫完覺得不像；第二遍，覺得可以更好……就這樣來來回回，一共改了七遍，只因想寫得跟自己喜歡的作家一樣好。「這其實是一種自學，寫作這件事很難教，除非像福樓拜跟莫泊桑兩位作家一樣，互相交換筆記、分享寫作心得，不然我們最好就是把自己喜歡的作者當作老師。」

從閱讀見賢思齊，再從中激發模仿動機，最終找出表達想法與思路的文風。「這樣的練習很有效，日後我不論寫什麼報導題材，都會收到受訪者與讀者的迴響，認為我可以把他們的心情傳神地表現出來。」

酷愛幻想故事

每個人愛上閱讀、被啟發的起點都有所不同，陳安儀格外被吸引的，往往是「故事」這個元素。

從小就瘋狂喜歡《格列佛遊記》與《魯賓遜漂流記》的陳安儀說：「我喜歡閱讀的故事，通常有種很類似的特質，那就是充滿幻想的元素。」

光是《格列佛遊記》，陳安儀就已經讀過至少五十次以上，而且每隔一陣子，就會再重讀一遍，每次投入，依然會有不同的感覺。

「它其實是部諷刺小說，雖然小時候並不懂這些，但當時書裡栩栩如生的插圖，讓我在閱讀時很能沉浸在想像的世界中，每次讀著故事，看著插畫，就會忍不住想像那樣的烏托邦世界會是什麼樣的光景，」那種任幻想飛馳的天馬行空，引發陳安儀閱讀的許多樂趣。

經過一再重讀，陳安儀體認到《格列佛遊記》想要諷刺人類世界的偽善，掩卷之餘，試著觀察寫作的結構、切點，對作者在諷刺與寓言上的掌握，更為嘆服。

投資時間在重讀上

「一開始作者可能得交代前情，小孩子多半認為這些不重要，會很快翻過去，急著進入小人國、大人國、飛島國的奇幻情節。但一再重讀之後，閱讀已經不再那麼心急，可以慢慢體驗作者的用心，將重點放在細節上。」

有趣的小插曲是，陳安儀有次參加益智問答節目《金頭腦》，讓所有人對她刮目相看。原來有個題目是Yahoo一詞的出處，讓對於《格列佛遊記》瞭若指掌的陳安儀大出風頭。該書作者史威夫特自創了Yahoo這字眼，代表外表與行為舉止都令人厭惡的人物；而據說「雅虎」兩位創始人就因此故意選擇這個名字。

「對我來說，重讀似乎是個本能，就像某些美味的食物，你會想要一再品嘗，不會因為吃過了，所以不想再吃，」陳安儀解釋。

「小時候，爸爸看我這樣不斷重讀某些舊書，覺得我很不上進，怎麼不看些新書，太缺乏進步，」陳安儀笑著回憶，也有段時間，她對閱讀感到十分焦慮，覺得書的選擇太多，永遠看不完，時間始終不夠用。

隨著年紀增長，她發現這種焦慮不見了。她了解到有些作品就算書評極好，實際讀後也可能讓人失望，使她更確認自己的想法：與其追隨熱潮，不如把時間拿來重讀經歷時間淘選、屹立不搖的經典作品。

從「小老鼠」的故事看同理心

酷愛閱讀的陳安儀，沒想到自己的姻緣，竟然也與閱讀離不開關係，她笑著表示：「如果嫁給不看小說的人，我可能很難跟他生活在一起。」

重讀是一個本能，
就像想一再品嘗美味的食物。

陳安儀在傳播公司工作時，與後來成為老公的蘇健宏約會，當時她很喜歡《香水》這本小說，於是有感而發：你會喜歡一個人，但是往往不明白有可能是因為她的味道。

蘇健宏馬上回問：「妳指的是《香水》，是吧？」

當時很熱愛徐四金小說的陳安儀大吃一驚，因為在她的感覺裡，會看小說的男生不多，尤其理工科學生更是不讀。

蘇健宏一句抗議「我也是會看書的好嗎？」，讓陳安儀笑彎了腰，從此更對未來的老公刮目相看，好感度與印象分數直線上升，牽起一段好姻緣。

原從事媒體業的陳安儀後來轉換跑道，選擇投入教導孩子「多元作文」，依然與她最愛的閱讀離不開關係。隨著馬不停蹄的教學與演講，陳安儀一再深刻體會，閱讀對於培養觀點，甚至激發同理心，有著關鍵的作用。她在演講中常常分享「一隻小老鼠」的故事，就是最好的證明。

「我有個小學五年級的學生，寫了篇很好的作品，我把這篇故事讀給孩子聽。故事前半段，主要敘述作者無意間發現一隻剛出生的小老鼠，極為惹人憐愛；但是故事的後半段，另一個孩子卻誤殺了這隻幼鼠。聽到這處轉折，全班不約而同發出驚叫，就連最調皮搗蛋、平常最喜歡折磨小動物的男孩，也表現得義憤填膺。」

陳安儀對家長們說明，孩子會這麼同情小老鼠，是因為作者用了很多「正面」詞彙，包括「粉紅」、「幼嫩」、「可愛」……來描述剛出生的幼鼠。但是如果我們用「毛茸茸」、「髒兮兮」形容老鼠，孩子就不會同情牠的遭遇。

這表示我們所閱讀的書或文章，如果作者是站在同情弱者的立場，我們就會跟著站在作者同一邊，而讓人產生「同理心」的感受。

由此可以看出，閱讀所培養出的「觀點」，影響我們觀看人生、選擇人生的方向，重要性不言而喻。

讀書讓人不再煩憂

對陳安儀來說，閱讀似乎像是威力強大的無形黑洞，將她不斷吸納進去。

「直到現在，我還是書不離手，比方說候車或帶孩子去上課等空檔，媽媽們聚在一起便開始聊天，可是我會找書來看。」尤其現代通訊科技發達，手機一按，陳安儀照樣用手指翻讀她的電子書。

「並不是說，我不能享受這個世界的精采，但是閱讀給我的樂趣更多，」陳安儀表示，心情不好或焦慮時，閱讀總能讓她沉靜下來。像之前她的先生開刀住院，讓她十分憂心，這時最好的解藥，就是拾起一本心愛的小說，讓她忘卻煩心瑣事，讀倦了，自然沉入夢鄉。

「我在睡前一定要讀點書，對我來說，閱讀就是最好的安眠藥，能讓人好好入眠，」陳安儀笑著舉例，翻閱引人入勝的小說《嗩吶煙塵》，心神就會自然平靜下來；年輕時失戀，就回頭埋首金庸武俠小說，療癒效果超好。

能感同身受才有共鳴

不過，即使是名滿天下的卡夫卡、村上春樹、海明威、米蘭・昆德拉，如果太過哲學、魔幻，或強調隱晦、囈語般的描述，仍會讓陳安儀無法進入書中情境，「如果描寫的題材比較虛無，或是跟生命當下的理解無法連結，讀起來就有距離感。」

陳安儀喜歡的作家，往往能一針見血，見人所不能見，讓人感同身受，引發強烈共鳴。

雖然較為偏愛小說，但梁實秋的散文《雅舍小品》因為輕薄，常被她帶在身邊。她喜歡梁實秋從生活信手拈來的取材，寫人、談物、敘事，不論男人、客人、紅包、禮物，甚至是狗兒，題材儘管微不足道，但梁實秋都能詮釋得讓人拍案叫絕，精準又傳神地表達細膩觀察，令人佩服得五體投地。

「比如，梁實秋說男人的耳後，就是一片沃土……你看了不得不說，怎麼可以想到這麼鞭辟入裡的形容！」原來梁實秋以適於種麥的肥沃土壤，誇張形容男人髒亂，耳後汙垢積聚，一般人實在很難能有這樣出人意表的想像。

進入小說的虛擬實境

另外，她也很欣賞毛姆、喬治・歐威爾、傑克・倫敦、契訶夫、赫胥黎、賽珍珠、褚威格的小說，以及白先勇、林語堂等人的作品。

「像傑克・倫敦寫《野性的呼喚》，描繪的是北國荒野的艱困，我們很難想像那樣的情境，因此當我真正置身零下三十五度的哈爾濱，我就不斷回想著書中場景，佩服他筆下如此真實自然的描述功力。」

「白先勇的小說，對我來說也很有閱讀的衝擊與張力。無論是《孽子》中「腥紅」的月亮，或是《玉卿嫂》鬢邊「白閃閃」的耳墜子，這些畫面感極其強烈的形容，都是閱讀時充滿視覺震撼的經驗。因此我回想自己喜歡的閱讀，就是愛上字裡行間傳達出來的意象、美感與畫面。」

於是對於陳安儀來說，那種閱讀的美好安適，就是一本精采小說在手的無限快意；無須索價不菲的虛擬實境，也能歷歷在目，享受栩栩如生的想像悠遊。

陳安儀的私書房

01-《雅舍小品》 作者／梁實秋

推薦理由 ——梁實秋的《雅舍小品》是我非常喜歡的散文作品。這些散文多半是發表在當時的報章雜誌之上，內容不脫生活小事。然而梁公文字簡潔精準，筆調幽默雋永，是我心目中白話文學的極品之一！無論是為了增進自己的文字功力，或是拿來做為教學素材，都十分適用。

內容簡介 ——「雅舍」實為一室一廳之「陋室」，作者起居其間，將生活中息息相關的事物以風趣幽默的筆法觀照；將狗、豬、鳥等人們最熟悉不過的動物，及下棋、散步、理髮等日常瑣事娓娓道來，妙趣橫生。

02-〈十二個太太〉（*The Ardent Bigamist*）作者／毛姆（William Somerset Maugham）

推薦理由 —— 提到毛姆，大家比較熟悉他的長篇小說《人性枷鎖》、《剃刀邊緣》，不過我卻最愛他的短篇小說。本篇大約是1940年之前的一篇短篇傑作。毛姆犀利且諷刺的描述，讓人回味再三。筆下的故事與人物，彷彿就取材自你身邊，抽絲剝繭寫出來的人性，令人拍案叫絕啊！

內容簡介 —— 男主角是個專門騙取熟齡未婚女性感情與財富後便逃之夭夭的惡棍，他不斷遺棄舊戀人，尋找新獵物，女主角便是落入其圈套的第十二位受害者。然而，這個最後被送上法庭的愛情騙子，卻沒有任何一位女性願意出來揭發他。因為他說，自己給了這些女性一生難得的禮物 —— 愛情。

03-《一位陌生女子的來信》（*Letter from an Unknown Woman*）

作者／斯蒂芬．褚威格（Stefan Zweig） 譯者／沈櫻

推薦理由 —— 褚威格也是我非常喜歡的小說家。高中時，曾在國文課本沈櫻的「作者簡介」中讀到她翻譯了《一位陌生女子的來信》，因此我在書店中偶然間看到，好奇之下便買回家閱讀。沒想到，這篇小說在我「少女情懷總是詩」的年紀，投下了一枚非常大的震撼彈！我被故事中「默默付出、不求回報」的強烈愛情所感動，從此以後便愛上了褚威格。

內容簡介 —— 本書共收錄褚威格六篇作品，〈一位陌生女子的來信〉、〈蠱〉、〈奇遇〉、〈看不見的珍藏〉、〈情網〉、〈月下小巷〉等。其中名篇〈一位陌生女子的來信〉，以心理分析的手法，細膩而深刻地敘述一個癡情女子對愛情的奉獻與執著，以不具名的情書揭露自己對小說家執迷不悔的愛戀。

04-《脂肪球》（*Boule de suif*）作者／莫泊桑（Guy de Maupassant）

推薦理由——有「法國短篇小說之父」之稱的莫泊桑，也是我最愛的短篇小說作家之一。他擅長描摹人性，尤其描繪歐洲上流社會的虛假與無情，與中低階層的勞工與妓女，絲絲入扣、栩栩如生。本書是其代表作。這篇小說，從「吃」開始，隱喻人性的貪婪與欲望，在飢火中燒時，「階級」、「愛國」、「品格」與「忠貞」都化為烏有；只剩下欺瞞、虛偽、醜惡與現實。而為上流階級蔑視的妓女，卻成為這篇諷刺小說與上流社會的最佳對比。

內容簡介——本書以1870年普法戰爭為背景，描寫十位居民逃難的經過。車中乘客有愛國人士、貴族夫婦、商人夫婦、兩個修女、政客和綽號脂肪球的妓女，他們來自不同階層，也各有出逃的原因，而他們對待脂肪球前後不同的態度變化，表現了他們不同的社會身分和真實內心。

05-《張愛玲短篇小說選》作者／張愛玲

推薦理由——張愛玲，中國近代最重要的女作家之一。當然她的小說，也是我絕對不會錯過的！同樣，我也偏愛她的短篇作品，最喜歡的一篇是〈琉璃瓦〉。雖然，在小說評論中，這一篇並非最高評價，但我個人卻覺得此一短篇構思絕妙，是作者觀察入微、諷刺婚姻、意味深濃的傑作！

內容簡介——全書收錄張愛玲最經典的十篇短篇小說：〈金鎖記〉、〈傾城之戀〉、〈茉莉香片〉、〈第一爐香〉、〈第二爐香〉、〈琉璃瓦〉、〈心經〉、〈年青的時候〉、〈花凋〉、〈封鎖〉。在這些故事裡，有對人性的深刻揭發，呈現出蒼涼、真實的「人味」。

06-《國王的人馬》(*All the King's Men*)

作者/羅伯特・潘・華倫(Robert Penn Warren) 譯者/陶潔

推薦理由 ——本書是美國小說家羅伯特・潘・華倫的經典名著。我念大學時，張健老師推薦我看，但當時太年輕，對於政客的故事沒有興趣。近年來重看，感觸頗深，比方「良善出自於醜惡」的一席對話，便讓我忍不住讀了又讀。如果你喜歡看純文學作品，一定不能錯過本書；而且，不要去看電影！因為作者最擅長的，就是用非常精準的文字，比喻很多抽象的意念與情感，那是畫面展現不出來的。

內容簡介 ——本書以1930年代美國歷史上極具爭議的路易斯安那州州長休伊・朗(Huey Pierce Long)的生平為基礎，旁觀描寫美國南方農家子弟的從政之路。本書不僅是寓意深遠的政治小說，也是準確反映當時美國現實的社會小說。

07-《憤怒的葡萄》(*The Grapes of Wrath*)

作者/約翰・史坦貝克(John Steinbeck) 譯者/楊耐冬

推薦理由 ——據說本書當年出版時「賣得最快、評價最高、爭論最激烈」，一度成為禁書，曾被當眾焚毀，但最後卻也因為提出社會現象，迫使國會立法，資助農民。
《憤怒的葡萄》因其描繪歷史的重要性，成為美國高中和大學文學課上的必讀。我當年抱著這本書一邊流淚一邊讀完，感動得整夜無法入眠，至今難忘！

內容簡介 ——諾貝爾文學獎得主約翰・史坦貝克反映美國經濟大蕭條時期的社會紀實傑作。故事描述窮困的約德一家前往加州追尋較好的生活，但當地包工頭與果園主人為求暴利而壓榨流動的採葡萄工人，迫使工人團結起來，為保衛自己的權利而奮鬥。

08-《梅岡城故事》（*To Kill a Mockingbird*）作者／哈波．李（Harper Lee）

推薦理由——還記得我國中讀此書時，是偷拿當時念大學的阿姨的床頭書，我不但熬夜一口氣讀完，之後那種深深的、心靈的震撼，更是難以言喻。這是一部探討種族歧見、人性晦暗的懸疑小說，也是美國高中指定必讀的經典作品；而本書的原手稿《守望者》，則在作者離世後，近來才重見天日。哈波這一生只有這兩部作品，其人生精力，亦令人慨嘆啊！

內容簡介——本書是美國作家哈波．李最廣為美國人閱讀的種族相關書籍之一。小說背景為三〇年代的美國南方小鎮，主角的父親是道德端正的律師，他被法庭指派為一位被指控性侵害的黑人辯護，在這過程中展開對種族歧視與濫判無辜等議題的鋪陳與深思。

09-《安妮日記》（*Het Achterhuis*）作者／安妮．法蘭克（Anne Frank）

推薦理由——想到在猶太人受迫害的大環境下，竟有這樣一位小女孩，奮力地感受著、生活著，捕捉人性美好而堅定的一面；她的生命儘管短暫，她留下的文字卻感動無數的讀者，對照之下更讓我深受震撼。

面對這段嚴酷的歷史，較為年輕的孩子，可從年齡相仿的安妮身上得到共鳴，我更期盼安妮展現的信念，可以透過文字的傳遞，在孩子心中持續累積，也成為他們面對人生、社會同樣的信仰。

內容簡介——本書為猶太少女安妮為躲避德國納粹追捕的兩年間所寫的日記。她以最坦誠、敏銳且充滿深刻自省的早慧心靈，一一捕捉自己在戰火中的心路歷程、與家人之間的衝突掙扎、青春期少女成長的萌動與渴望，以及對於自由、尊嚴和人性價值的終極信念。

10-《寂寞的十七歲》作者／白先勇

推薦理由——我第一次看白先勇的小說年僅十歲，初次閱讀，驚豔不已！及至成年，依然百看不厭。無論是早期、《紐約客》留學時期，或是《台北人》時期的作品，我都非常喜愛，甚至因為太喜歡白先勇，連歐陽子的書評都讀得滾瓜爛熟！他小說中的豐富色彩與鮮明意象，就如同一幕幕電影，在腦海中放映，影響我的閱讀至為深遠。

內容簡介——本書為白先勇早期短篇小說的集結，收錄有〈寂寞的十七歲〉、〈金大奶奶〉、〈我們看菊花去〉、〈悶雷〉、〈月夢〉、〈玉卿嫂〉等十餘篇。作者憑藉自身經驗或幻想，嘗試不同樣式的小說，並處理各種不同題材，被認為是當代中國短篇小說家中的奇才。

衝破人生的逆流

翻轉者
南投爽文國中教務主任
王政忠

文── 謝其濬　攝影── 黃鼎翔

八月底，開學前夕，位於南投中寮鄉的爽文國中，蟬鳴聲覆蓋了整座校園。一身便裝出現在校園的王政忠，前一週才剛忙完爽文國中的暑期英語營，行程仍然是馬不停蹄。接受完採訪，他便趕赴在草屯、田中兩地舉辦的「我有一個夢」偏鄉教師專業研習營致詞，然後又要前往台北，除了有電台通告，還要到多所學校演講。

走進研習會的會場，便有各地的中、小學教師前來向王政忠致意，甚至找他簽名，人氣可見一斑。

投入偏鄉教育近二十年，自稱「山中大叔」的王政忠，苦心研發「MAPS教學法」，是全台唯一獲得由教師、民間、政府分別頒發的Power教師、Super教師和師鐸獎的三冠王。他將自己的心路歷程寫成《老師，你會不會回來》，一上市就成了暢銷書，甚至已改編為同名電影，預計在二〇一七年上映。

二〇一五年四月，他在臉書上寫下「我有一個夢」的願景，呼籲老師透過教學法的改變，帶起孩子的能力，迅速引起全台各地上千名老師的同聲相應；同年七月，由他主策劃的教學研習營在中正大學舉行，吸引了一千七百多名老師參加。

二〇一六年，王政忠再推動第二屆的「我有一個夢」，上萬人次報名，最後只能錄取兩千五百人，名額非常搶手。在「全國版」之外，陸續又有「南投版」、「彰化版」等「地方版」，遍撒教育改革的種子，希望能遍地開花。

一名偏鄉老師，為何能成為翻轉教育的舵手？除了滿腔熱情，王政忠還有一項利器，就是過往的大量閱讀。

開啟來者不拒的閱讀胃口

「小學三、四年級之前，我其實就是個鄉下的野孩子，調皮搗蛋，可能是天賦還不錯，如果有念書，表現就還不錯；玩到忘了念書，成績就慘兮兮，」一九七四年出生的王政忠回憶，他有個在鄉公所當祕書的爺爺，從他小學一年級時，就幫他訂了《國語日報》，但是他對於報上的內容完全不感興趣，通常看完漫畫，就拋到身後。

然而，爺爺把這些報紙全都留下來，分月用報夾裝訂，王政忠小學四年級時，家裡已累積了四十多疊過期的《國語日報》。

升上五年級時，班導師剛從師範學院畢業沒多久，非常重視閱讀，便在教室後方設置一個書櫃，擺進不少書，包括《三國演義》、《水滸傳》等簡明版，早自習時開放給學生自由看書，而且經常找機會介紹這些書的內容。

「閱讀讓我了解：
人生的不完美，都是必然的。」

一開始，王政忠只是偶爾看一、兩本，打發時間，漸漸地，他看出興趣，書櫃中的書很快被他看完了。老師又給他一些難度更高的讀物，王政忠也是迅速消化完畢。此時他突然想起，家裡那些裝訂成冊的過期《國語日報》，於是他又回頭找出來閱讀。

原本完全不感興趣的內容，此時讀來卻是津津有味，報中有不少投稿的文章，他還會在旁邊用紅筆點評。

不到一年的時間，他就把四年份的報紙看完，另外，母親愛看瓊瑤小說，他也跟著找來看，「我的閱讀胃口變得很好，可以說是來者不拒。」

大量的文字閱讀後，王政忠不但閱讀速度變得很快，而且也開始喜歡寫作，「小學五年級之前，一切都是懵懵懂懂，寫作文時，也不知道自己在寫什麼。」

王政忠坦言，愛上閱讀之後，感知系統彷彿被打開，對於生活有很多感受，於是他開始寫日記，而且還是模仿詩詞的長短句形式，嶄露早熟的寫作天分。

小說教人平靜看待不完美

升上國三後，對於原本就愛看書的王政忠來說，書本更成為精神上的慰藉，這跟他家境的改變有關。

他的父親是計程車司機，母親在工廠工作，家境雖不富裕，倒也算安穩。就讀國二時，父母親簽賭大家樂，中了頭彩，意外的巨額財富，卻為這個家帶來不幸。原來，王政忠的父親本來就有酗酒和賭博的習慣，有錢後更是變本加厲。

王政忠記得，當時父親到了傍晚就以「應酬」名義出門，褲子口袋裝滿鈔票，然後到了半夜，喝得醉醺醺的被人抬回來，身上的錢早已輸得精光。

偶爾，父親還會沒來由的，把半夜睡夢中的王政忠抓起來毒打一頓，第二天早上卻若無其事地說：「你還好吧？」

身心處於不小的壓力下，王政忠從書中尋找穩定的力量，看了不少長篇小說，他印象最深刻的一本，就是日本作家三浦綾子的《冰點》。

「因為這部小說，我學會了一件事：人生的不完美，都是必然的，」王政忠淡淡地說：「有了這個體悟後，我對於家中所發生的種種波折，不再感到詫異，也不再有情緒起伏。」

展現好文筆

值得一提的是，當時的王政忠，國文成績很好，因此享有「特殊待遇」：當國文老師在講堂上授課，他就在底下看自己想看的小說。

老師會對他另眼相看不是沒有道理，模擬考時，即使是「與他校交換閱卷」，他的作文總是能拿到高分，不因老師是否辨認出學生筆跡受影響。

唯有一次，作文題目是「如果人生是一幅畫」，王政忠首段以「如果人生是一幅畫，我希望畫中有彩虹」開頭，接著以彩虹的七種色彩，象徵人生的七種態度，最後再總結，他校的老師給了零分，理由竟是「這是抄的」，可見王政忠寫作能力在同儕中的程度。

這篇作文，對於王政忠來說，還有另一個深層的意義：即使自己現實的人生是灰色的，他筆下所展現的，卻是正面、光明的態度，「直到現在，我還是很努力讓人看到，世界是美好的、充滿陽光的，至於不完美、無法改變的陰暗部分，就留給自己，放在內心深處。」

擁有面對孤獨的力量

家庭的變動不安，加上大量的閱讀，造就王政忠早熟的個性。考上台南一中後，父親為了躲債，全家人「跑路」到南投棲身，只有他待在台南念書。每逢假日，大部分住校的同學都回家了，王政忠為了節省車錢，選擇留下來。不過，獨處在空蕩蕩的宿舍中，他卻依然氣定神閒。

「一個十五、六歲的孩子，隻身離開家人求學，既不感到孤獨，對人生也沒有太多怨懟，那是因為，透過閱讀，我獲得一種厚實的平靜，」王政忠娓娓描述。

因為在學校的圖書館打工，負責新書上架，王政忠有更多時間和機會親近書本，過去習於閱讀大量文字的他，此時卻開始熱中於讀現代詩，從余光中、洛夫、羅青、羅門，到瘂弦、紀弦等人的作品，他都有涉獵。

「詩，是文字的精練，」王政忠指出，詩看似短短幾句，其實經過詩人解構大量累積的素材，再進行重組，才能成就其雋永，這種將厚實化為精巧的文字技藝，讓王政忠深感共嗚，因此讀詩之外，他也寫詩。

王政忠坦言，寫詩時，他可以把很多私密的情緒，藏進字裡行間，外人不易察覺，對他來說，是一種十分「安全」的創作。

苦讀卻落榜

高中時期，他也因為文筆好，獲得國文老師的喜愛。最後一次模擬考時，王政忠甚至自行將原有的題目，改為向老師致意，照樣拿到最高分。

因為家裡的經濟狀況，準備大學聯考時，王政忠以師範大學的公費生為目標，考前三個月，他和好友約定進行魔鬼訓練營式的苦讀，不碰床與枕頭，累了就合併椅子睡兩小時。本以為可以順利考取，然而命運之神卻跟他開了個殘酷的玩笑：他因為畫錯答案卡而落榜。

準備重考的前半年，為了籌補習費，他到手工皮包廠上班。回憶那段日子，王政忠總是會聯想到蘇東坡遭貶謫到黃州的際遇，每天過得渾渾噩噩，跟書本完全遠離，讓他覺得內心快要乾涸。雪上加霜的是，父親竟拿走、花光了他的工作所得。

忍無可忍之下，王政忠和父親發生嚴重衝突，他決心離家出走。

大量閱讀幫助我
在面對當下的處境、思索未來的方向時，
知道該如何判斷。

慶幸的是，高中地理老師挺身而出，資助他在高雄準備重考。當時他棲身之處，是一、二樓之間的夾層，空間又窄又小，但是因為身邊堆滿了書，王政忠再度覺得內心變得充實，而他也如願考上高雄師範大學國文系。

向蘇東坡學習超越逆境

進入大學，是王政忠人生中一個新的開始。

為了幫家裡還債，他拚命當家教賺錢，然而大學生活並沒有因此虛度，課業之外，他既寫詩，也打球，日子可以說是多采多姿。

大學之前，他雖愛讀書，倒沒有特別喜歡的作家，大學時期開始，則比較明顯偏好蘇東坡，以及余秋雨、龍應台。

王政忠對蘇東坡情有獨鍾，不只是他的作品，也包括他的生命史。「我最欣賞蘇東坡的是，即使他一生波折不斷，卻能夠從這些波折超脫出來，找到自己看待人生的角度，」他透露：「我覺得蘇東坡很酷，也期許自己能像他一樣超脫。」

至於余秋雨、龍應台，王政忠則是單純喜愛他們那種厚實的、帶有歷史感的文體，像余秋雨的《文化苦旅》、《山居筆記》，龍應台的《野火集》、《目送》、《大江大海一九四九》，他讀了一遍又一遍。

有著書生氣質的他，原本對未來的想像，是在大學裡任教，跟學生們聊文學、聊閱讀，卻沒想到自己後來會走上一條截然不同的教學之路。

從高師大畢業後，王政忠分發到爽文國中實習一年，報到首日就受到「震撼教育」，上課時間到了，學生不進教室，而是三五成群，在牆角、門邊、樹下聊天，他的第一個念頭就是：「這哪是學校，根本就是動物園！」

爽文國中所在的中寮鄉，是台灣最貧窮的平地鄉之一，王政忠從前在報章雜誌上才看得到的「偏鄉」兩字，此刻變得無比真實。除了缺乏硬體之外，更令人擔憂的是，這裡的師生對未來完全沒有憧憬。實習結束後，王政忠便前往金門服役，離開前夕，他告訴自己：「我再也不要回到這天殺的鳥地方、鳥學校了。」

九二一震災改寫人生

一九九九年，就在他退伍前夕，九二一地震撼動全台，中寮鄉近乎全毀，王政忠返回學校探視，眼見滿目瘡痍的景象，心情十分沉痛。此時，兩位學生跑出來，抱著他痛哭，無助地問他：「老師，你會不會回來？」

因為這句話，王政忠選擇留下來，再也沒有離開過。只是，從決定留下那一刻，漫長的抗戰才要開始。

王政忠坦言，一開始，他只想到做多少算多少，至於可以做到哪個地步，根本沒把握，「外面的世界發生什麼事，我也不知道，就是埋頭一直做。」

當時爽文國中全校只剩下八十三位學生，半數學生基測成績在PR值二十五以下，缺乏學習動機是主要原因。於是他建立「學習護照」制，學生可以透過語文抽背、上課表現、測驗結果，蒐集點數加分，兌換獎品，「這種條件交換的方式聽起來或許有點行為主義，卻是改變學生的起點。」

為了讓孩子喜歡上學、願意留在學校，他陸續開辦美術、陶藝、國樂等藝文課程。偏鄉教育資源奇缺，分不到任何術科

老師不僅是教書的人，
還要當一個能影響學生的人。

老師，於是王政忠自掏腰包先去學習，再回來教學生，如果實在力有未逮，就想辦法委請地方藝文社團的老師來學校授課。

當能影響學生的老師

過往爽文國中的畢業生，如果要繼續升學，十之八九都是進私立高中、高職，然而在王政忠的一手推動下，第一批完整經歷所有學習策略的學生（包括語文抽背、英文檢定、學習護照、藝文教學），在畢業那年，有六成考取公立高中、職。

大約二〇〇八年之後，爽文國中已從當年的震災中順利站起來，王政忠卻發現學生的閱讀理解力逐漸下滑，他認為，這跟他們缺乏閱讀習慣有關。

「問學生有沒有看過《三國演義》、《水滸傳》，舉手的人愈來愈少，看過電視偶像劇《終極三國》的人，倒是不少，」王政忠苦笑道，雖然學生很努力，但是閱讀理解能力不佳，使得他上國文課時，只能逐字逐句解說課文，連自己都感到教得很痛苦，不能再繼續這樣下去。

也在那個時間點，王政忠重新省思「當老師」這件事。「為人師表，有不同的境界，」

他指出，有人單純將教書視為一份工作，也有人覺得把書教好就夠了，但是他對自己的期待，並不僅止於當教書的人，還要當一個能影響學生的人。

搭建孩子的學習之梯

因此，他潛心研發出「MAPS教學法」，為孩子搭建一條邁向未來舞台的學習之梯。這個教學法涵蓋四個核心元素：心智繪圖（Mind Mapping）、提問策略（Asking Questions）、口說發表（Presentation）、同儕鷹架（Scaffolding Instruction）。

首先，是透過老師由淺而深的提問，讓學生找出文章的脈絡，進行心智繪圖，然後口說發表和評論，以驗證並精熟閱讀理解程度。

王政忠最津津樂道的，是「同儕鷹架」概念的運用：他將不同程度的學生混合編組，進行分組共學。

一開始，小組中閱讀理解程度較好的同學是小「教練」，扮演領導者的角色，透過提問，帶領組內其他成員一起建構閱讀理解策略。當精熟到足夠的程度時，王政忠將教練抽離開始自學，其餘同學則繼續共學，組內則自動產生下一個閱讀領導者，直到全班都進入獨立自學。

王政忠認為，自己原創的這套課堂內差異化學習模式，是目前解決合作學習最有效的方式。

MAPS教學法打破老師以往對學生單向教學的模式，讓學生成為學習的主體，「學生都知道，在我的國文課上，他們不會只是『讀』了一篇文章，」王政忠自豪地說：「而是透過我所設計的問題和教學方式，將文章讀透、讀懂、讀通，然後跟自己的生命發生交會。」

他以最近一場余光中的〈翠玉白菜〉教學示範為例：

前身是緬甸或雲南的頑石
被怎樣敏感的巧腕
用怎樣深刻的雕刀
一刀刀，挑筋剔骨
從輝石玉礦的牢裡
解救了出來，被瑾妃的纖指
愛撫得更加細膩，被觀眾

豔羨的眼神，燈下聚焦
一代又一代，愈寵愈亮
通體流暢，含蓄著內斂的光
亦翠亦白，你已不再
僅僅是一塊玉，一棵菜
只因當日，那巧匠接你出來
卻自己將精魂耿耿
投生在玉胚的深處
不讓時光緊迫的追捕
凡藝術莫非是弄假成真
弄假成真，比真的更真
否則那栩栩的螽斯，為何
至今還執迷不醒，還抱著
猶翠的新鮮，不肯下來
或許，他就是玉匠轉胎

我最欣賞蘇東坡一生波折不斷，
卻能夠超脫的境界。

學生從三個境界解讀這篇詩作：首先是「人」、「物」分離，玉匠和玉石毫不相關；接著，玉匠進入玉的世界，引申出「人有生死，但是藝術永恆」的觀點；最後是「人」、「物」形神合一，玉匠化為蟲斯，擁抱著翠玉白菜。

「來觀摩的他校老師告訴我，這種剖析文章層次的能力，通常發生在資優班，像我們這樣的偏鄉學校的孩子，居然也辦到了，他們十分佩服，」王政忠透露。

他的苦心耕耘，不但讓他成為得獎常勝軍，也反映在學校人數的成長上。在少子化的衝擊下，許多國中都面臨減班，只有爽文國中學生不減反增，三成五的學生從市區轉來這裡念書，還有一成的學生是包計程車上、下學。

從努力追求「翻身」的重考生，到為偏鄉教育帶來「翻轉」的熱血老師，王政忠檢視自己的改變，閱讀是一大影響。

「大量閱讀，除了讓我的生命變得厚實而安定，也幫助我在面對當下的處境、思索未來的方向時，知道該如何判斷、決定，所以才有現在這些改變，」王政忠認真地說，而他現在所做的，就是要引導更多逆流中的孩子獲得改變的力量。

王政忠的私書房

01-《文化苦旅》作者／余秋雨

推薦理由——在史學與文學的巧妙轉換當中，看見人生智慧的焠煉與積累，這是我認為讀史學文最有價值的一部分。
作者雖然在史實的部分，一直被許多專家挑出硬傷，但這並不減損我在閱讀這本書時的興味盎然，對於書中透過文學性語言傳達歷史裡的時空人事標誌，即便有誤，我仍然可以在按圖索驥的過程中，盡覽旅途的大山大水，或者小河小村。這樣的探索，方向在我的手上，催促我上路的動力則是這一本書。

內容簡介——本書為結合美學、旅遊與抒懷的散文集，全書共三十七篇，作者透過遊歷中國的名勝古蹟，從道士塔、莫高窟、都江堰……，探究中國文化，抒發一個知識份子對自身文化最深切的省思與關懷。

02-《山居筆記》作者／余秋雨

推薦理由 ——讀此書時，我正短暫居住在一座海島上，迷彩的生活將我局限在木麻黃的生長範圍內，幸好有這本書，帶我出走。
我在歷史感的文字當中，連結我在文字裡認識的歷史；我在文學性的歷史當中，回味我在歷史裡想像的文學。
這本書，以山裡來的文字，帶我走出苦悶的海域。

內容簡介 ——余秋雨是中國最有名的作家之一，他慣用散文的形式，結合文學與史學，書寫歷史人物的悲歡離合，進而省思人生。本書收有〈一個王朝的背影〉、〈流放者的土地〉、〈脆弱的都城〉、〈蘇東坡突圍〉、〈千年庭院〉、〈抱愧山西〉、〈鄉關何處〉、〈天涯故事〉、〈十萬進士〉等篇。

03-《目送》作者／龍應台

推薦理由 ——我仍持續在這本書中學習如何放手這件事。
終其一生，我都在尋找一個能與父親和解的理由，龍應台寫她與母親、與小孩三代的牽絆與釋懷，我努力在其中尋找一個可以借鏡的說法。屢屢在字裡行間發現答案，又暗暗否決，終於發現勾串這本書能捨能放下的線索是愛，而我，仍在尋找。
如果，你也還在尋找愛，來讀這本書。

內容簡介 ——本書銘刻作者父親的逝、母親的老、人生的離散，是一本飽含情感的生死筆記，並收錄六十幀作者親手攝影照片，記錄每個轉瞬與交會。

04-《最後14堂星期二的課》（*Tuesdays with Morrie*）

作者／米奇・艾爾邦（Mitch Albom） 譯者／白裕承

推薦理由 ——我始終相信，生死之間，有功課必須修習。但這本書其實談的不是生死，而是怎麼生？怎麼死？
生的價值取決於如何死，而死的意義存在於如何生，書中作者與老師的對話，常常在無意間振聾發聵地傳遞智慧。
這本書教我的是：別記得我怎麼死的，請記得我是怎麼活的。

內容簡介 ——美國暢銷作家米奇在出社會多年後，於每星期二去探望生病的老師，與老師一同面對十四堂關於生命意義的課。老師墨瑞誠實看待自己在死亡面前的恐懼與脆弱，但仍保持熱情與幽默感，他不僅窮究死亡的多重意義，更藉著談話，讓世故而剛硬的米奇重新看待生命。

05-《先別急著吃棉花糖》

（*Don't Eat the Marshmallow...Yet! The Secret to Sweet Success in Work and Life*）

作者／喬辛・迪・波沙達（Joachim de Posada）、愛倫・辛格（Ellen Singer） 譯者／張國儀

推薦理由 ——二十年前我來到這個偏鄉小校的時候，我看見一大群急著吃掉棉花糖的窮鄉孩子。
二十年過去，我在同樣的學校看見愈來愈多知道真正棉花糖滋味，並且願意辛苦投入耐心等待的孩子。
我推薦這本書，老師們應該看一看。

內容簡介 ——為什麼有的人成功、有的人失敗？作者相信，成功與失敗的差別，並不光是努力工作的程度或是否聰明，而在於擁有「延遲享樂」的本事。本書從史丹佛的棉花糖實驗開始，分析成功與失敗者的差別在於，成功者不會急著吃棉花糖，並練習如何不吃棉花糖。

06-《蘇菲的世界》（Sofies Verden）作者／喬斯坦．賈德（Jostein Gaarder） 譯者／伍豐珍

推薦理由 ——蘇菲的世界是我的哲學啟蒙書，啟發我「哲學性思考」。
哲學性思考建立一個人的價值觀，影響一個人看待這個世界的方式，我永遠記得作者的一個比喻：我們出生時，像是一隻在狗毛頂端的跳蚤，對世界充滿無限好奇，隨著年紀漸長，逐漸往下爬到狗毛深處，對世界的一切，視為理所當然。
值得一提的是，作者用小說的方式寫哲學，讓哲學以親民的面貌，走進我們的生活。

內容簡介 ——作者巧妙揉合推理、書信和問答的敘事模式，藉由主角收到匿名信，在某個神祕導師的指引下，透過信中文字，開始修習「哲學課」，認識了從希臘哲人到康德、從馬克思到佛洛伊德等西方哲學家所思考的大問題。

07-《琅琊榜》作者／海宴

推薦理由 ——我不知道你在《終極三國》當中看見台灣戲劇的哪個層次，但我在《琅琊榜》當中眼紅又無法自拔地尊敬起大陸原創歷史小說與改編戲劇的深厚文化底蘊。
這是一部架空歷史的創作小說，以一種不肥皂、不俗濫的方式，訴說了中國文化中多所存在卻世道江河的情義千秋與誠信法治，在充滿人的味道與畫面中，傳遞在遞嬗變革的時空長河裡，恆久不變的、美好的歷篩淘金。

內容簡介 ——本書是參考南梁時代的虛構故事，以平反冤案、扶持明君、振興山河為主線，講述了「麒麟才子」梅長蘇才冠絕倫、以病弱之軀撥開重重迷霧、智搏奸佞，為昭雪多年冤案、扶持新君所進行的一系列鬥爭。

08-《井然有序：余光中序文集》作者／余光中

推薦理由 ——讀序是一種取巧的讀書方法。
余光中的這本序文集，或詳細解析人物，或深入評述詩文，或厚積薄發的抒發己見，或引經據典的呼應他說，余老的敦厚與犀利、嚴謹與幽默，在這本書收錄的三十五篇序文中，表露無遺。

內容簡介 ——本書為作者應邀為他人新書所寫序文的合集，受序的書包括詩集、散文集、畫集、翻譯、選集，甚至辭典；受序的作者也多為名家。余光中的序文並採微觀與宏觀，兼有情趣與理趣，不但份量頗重，而且每於賞析之餘，更進而評價，甚且定位。

09-《傷心咖啡店之歌》作者／朱少麟

推薦理由 ——我很愛書中的一段話：「黑暗並不能造成陰影，光亮才能。」
這本書寫出新舊價值觀混亂衝突的那個九〇年代，也寫出我苦澀的青春年代。
憤怒在發洩中赤裸裸地呈現更大的矛盾，不安在控訴中亮晃晃地曝光更多的無力 ——我們不都經過這樣的少男少女時代，不是嗎？
或許，你可以在這本書裡，看見造成陰影的那道光。

內容簡介 ——本書是一部長篇小說，寫的是當代的台北和一群對當前的社會架構、生活方式、價值觀念質疑的年輕人，自問自答，雄辯滔滔，深刻探討人的價值與自我實現，並彼此相伴尋找各自的方向。

10-《蘇東坡詞》（上下） 作者／（北宋）蘇東坡著、曹樹銘校編

推薦理由——讀蘇詞讓我理解人生旅途的不同風景必定有最佳的閱覽角度，困頓時釋懷，風波時理解，快馬時自在，窮途時和解。少年讀蘇詞，看見未來的人間別有行路難；中年讀蘇詞，了然當下的此心安處是吾鄉；老年讀蘇詞，透徹回首的也無風雨也無晴。

我在蘇詞裡理解人生的必然與偶然，決定了人生前進與後退的角度或節奏。

內容簡介——本書前二卷共收東坡編年詞兩百七十首，卷三收不編年詞四十九首，附錄互見詞四首及誤入詞三十六首，並收錄四篇分別關於東坡詩詞用韻、詞韻詞調及詞作之資料，李清照批評北宋詞人，及東坡之書畫。為增讀者之興趣，書前加插東坡像及東坡之書畫照片共一百三十七張。

感受閱讀的幸福

財團法人喬大文化基金會執行長 廖惟亭

禮拜天早晨，朝日的餘光從窗外山間灑進會場，偌大的台上，主講人用著知性又溫暖的聲線，簡述著一本又一本書的菁華，台下近兩百位聽眾專注聆聽，時而因共鳴而感嘆，時而因觸動而發笑……。這是每月一次，喬大文化基金會與社區朋友們的美麗約會，共譜一曲閱讀的浪漫。

二〇一三年十月，喬大文化基金會歡度讀書會成立十週年。原本只是公司內部同仁的心得交流，進而擴大為每月對外的公開分享，還有年度千人大型演講活動。十多年來我們不斷用閱讀汲取生命的養分，積累心靈的強度與廣度。因為閱讀，我們有了力量；因為力量，我們建築了屬於自己的知識城堡。

當初的無心栽柳，如今漸已福蔭一方。回顧一路走來所開列的書單，林林總總共三百多冊，喬大文化基金會不僅讓自己，也讓大北投地區的朋友們，享受到閱讀的快樂與幸福。

體會，閱讀的時光長河

然而我們深知文字的傳播無遠弗屆，長期地域性的累積和經營，讓我們不斷思考一種更全面的方式，將推廣閱讀的力量提升到極致，使之更有效率，也更有效益，因此才誕生了這本《閱讀的力量》，邀請十二位喜歡閱讀且樂於分享閱讀經驗的重量級人物，讓讀者了解，透過與閱讀的不同連結，可以讓生命綻放出更不一樣的燦爛情節。

李家同教授認為閱讀經典作品才能鍛鍊完整的邏輯思考；陶傳正董事長用行萬里路來開闊自己的人生；嚴長壽董事長則透過傳記故事給予自己更多思索與沉澱；蘇國垚教授喜愛在移動的空間裡，恣意徜徉閱讀的世界；陳怡蓁董事長用閱讀來平衡自我的理性與感性；林天來總經理透過一本又一本的好書涵養了生命與工作的能量；郭國榮董事長用閱讀解決成長過程中不同階段的困頓與瓶頸；沈方正執行長用閱讀通透非比尋常的心靈風景；劉軒先生用閱讀激發獨立自我的人生探索；幸佳慧老師用童書創作顛覆了家長看待圖文書的刻板觀念；陳安儀女士透過反覆閱讀經典沉澱心靈；王政忠老師透過閱讀蓄積能量而翻轉教育。

本書中的十二位人物跨越了三個世代，從他們與閱讀結緣的方式以及嗜讀的種種書籍，我們不難窺見，一條緩緩演進且位移的時光長河，並在這條長河中精粹出閱讀的原感與開卷的幸福。

看見，閱讀的無限力量

文化是社會的一種定力，根基於閱讀，茁壯於習慣，體現於生活。閱讀應是生活點滴的浸融，而內化的媒介除了透過書籍，舉凡品茗飲饌、藝術欣賞、音樂演奏、旅行探索，都是閱讀更多元的呈現，而非一種崇高而不可攀的境界。

感謝天下文化優秀的業務及編輯團隊，讓這本《閱讀的力量》以如此美麗的姿態問世，也希望這本書能夠帶給所有讀者不一樣的思考和啟發，進而喜歡閱讀、相信閱讀，並且在快樂中讀，在幸福中讀。

附錄

種下閱讀的幸福種子

喬大文化基金會深耕學習之路

文——李康莉

希臘神話中，普羅米修斯盜取天上的火種，將知識帶回人間，從此將人類帶入光明世紀。喬大地產創辦人郭國榮，因為沒有良好的受教環境，缺乏學習與汲取知識的機會，早年創業吃了不少苦頭。但是他熱愛閱讀，從不間斷，從閱讀受益的過程，讓郭國榮深深覺得「書本就是自己的貴人」。他學習並領受了書中的智慧，從此人生開啟亮光，變得豐富、平衡且踏實。

抱持回饋的心態，他不藏私，將「貴人」開放與身邊的同仁、好友共享。像進入寶山滿載而歸的先行者，他要將從閱讀中掘取的智慧火苗，點燃在北投這一片起家的故土。

郭國榮成立「喬大文化基金會」推動閱讀，因為他要帶領更多人，感受閱讀的幸福。

二〇〇二年，郭國榮在公司內部大力推動讀書會，規定同仁每月選讀兩到三本書，然後大家分組討論，製作簡報，最後共聚一堂輪流上台分享讀書心得。

從小型分享變成大型演講

從一個美好的心願出發，原本公司內部的讀書會規模逐漸成長。二〇〇八年，郭國榮成立專責的基金會，聘請專任執行長全心經營。讀書會的形式，也從公司內部的小型分享會，轉變成擁有一、兩百位聽眾的大型演講。

因為人數暴增、反應踴躍，地點從一開始的北投國小、北投機廠的租借，移師到景觀開闊的喬大高爾夫學苑，最後來到空氣清新的北投山上。

從造型獨特的臺北市立圖書館北投分館，沿著日式步道往上坡走，經過環山的綠意，山腰矗立著無數溫泉旅館，其中的五星級麗禧溫泉酒店，就是目前每個月一次、喬大文化基金會舉辦讀書會的地點。

時間還沒到九點，只見喬大基金會的同仁已經整齊群聚在招待桌旁，備好當日的程序單、滿意度問卷，並引領來賓入座。同時，他們還肩負一個任務——協助現場的借書、還書服務。因為只要加入讀書會，每個人都可以借閱基金會所推廣的書籍，八年來，這份書單已累計到數千本，每次的借閱期限長達一整個月，即使忙碌的讀者也可以安心閱讀。

講座的前半段，由喬大同仁帶領導讀與分享感想；後半段，則由作者演講傳遞書中知識及寫作心得。分享至今，已超過三百種書。

從事旅遊業的蔡亮心，因朋友介紹輾轉來到讀書會。她從一開始的被動享受到後來的主動期待，現在她都會事先在行事曆上劃定日期，場場都不缺席。

工作忙碌無暇看書，她來這裡的目的就是「聽書」。「一年二十四本書，都來自專業的精選，只要一個上午的時間，就可以聆聽作者帶來豐富、菁華的知識饗宴，真的太棒了。我對於董事長無償的付出與胸襟，感到欽佩，」她說。

與生命經驗連結的內容

居住在北投當地的黃淑玲，從頭參與讀書會而且每役必與，幾乎見證了喬大讀書會的發展、成長與演變。

回憶起自己從對「讀書」的害怕抗拒到逐漸打開心房，是喬大同仁精采、生動的分享，以及某一次以美髮書為主題，現場所進行生動的「美髮教學」，消除她對書本的恐懼。她發現，閱讀並不如想像中冰冷。

而最令她印象深刻的是，每次讀書會一開始，大家長郭國榮都精神飽滿、神采奕奕地上台問候：「今天好嗎？」

「這種感覺，就像一群好朋友在知識這條道路上共同切磋、交流，有人在前、有人在後，但彼此都樂於分享、一起進步。這樣的感覺很好。」

就像比武過招總有高下，原本黃淑玲有些畏懼，因為一些同學言談間總能問出「深奧」

的問題，相形之下，自己便顯得不足；但在溫暖、開放的氛圍中，她放下疑慮，愈來愈自信自在，甚至願意接觸一些原本沒興趣，如理財、財經等「高難度」的主題。

基金會執行長廖惟亭說：「郭董選擇了一般生活中難得造訪、北投最好的五星級飯店，就是希望聽眾們可以放鬆心情，享受舒適的軟硬體。我們希望傳遞一個訊息：閱讀，並不是一件嚴肅的事情。」

許多參與者都提到，最大的收穫在於，講者的分享內容與他的個人生命經驗相結合。黃淑玲回憶起哲學家林火旺教授談《為生命找道理》這本書時，自己得到的震撼。「原來哲學不是空談的學問，而是能與生活互相印證。林火旺教授從生命經驗出發，講他在淡水生長，幫家裡捕魚、種田的經歷。在起伏的海面上，三三兩兩的水鳥；當浪來了，水面上擁擠著鰱魚的鱗片，陽光下閃閃發亮，一張網子撒下去，三個人都拉不動……，後來因會讀書、能讀書，背負了家裡的期待，考上第一志願……，這樣生動的演講方式，也勾起自己兒時的種種回憶，很能引發內心的共鳴，讓我了解作者寫書的動機與心理歷程，是與生命多麼感人的結合。」

在大學任教的老師張盆，則對前Honda汽車總裁張麗玉的分享印象深刻：「她所描述小時的成長環境、童年的經驗，就是我們這個世代成長的過程。她從一個度過艱困童年的鄉下囝仔，努力工作，變成超級業務員，最後當上總經理，這樣的過程見證了台灣人用非常有限的資源，吃苦、向上的努力精神，當下我很感動。」

濃縮生命的哲理

事實上，喬大文化基金會邀請的作者都經過精挑細選、嚴謹把關，可說是「沒有三兩三、不能上梁山」的超強陣容；李家同校長、林火旺教授、作家吳祥輝、推動公益不遺餘力的嚴長壽，都是響噹噹的重量級人物。

但無論講者是誰，只要參與過讀書會的朋友們都有一致的看法：這裡沒有虛幻的真理、高遠的學問，知識是務實的、見解是可親的、態度是真誠的，而最可貴的是，作者的分享方式，都從切身的生命經驗出發分享寫作的初衷，傳遞打動人心的善念。

就像讀書會的聽眾張盆所說的：「只花一上午的時間，就能傾聽作者畢生的菁華所在、嘔心瀝血的成果，做為現代的聽眾真的很幸福。」

讀書會現場真摯可親的演講方式，有助於知識的吸收、思想的啟發，回去之後，則有正向的實際改變。

丈夫經營貨運行的龔素華，家裡有接受特殊教育的孩子。個性開朗的她，一開始因參加腳踏車隊而受邀參加讀書會。聽到許多親子教養相關的主題深受啟發後，她開始對待孩子更有耐性，並學著多鼓勵、少指責以增加孩子的自信，結果孩子果然愈來愈開朗。同時因為丈夫也參加讀書會，兩個人一起討論、增加話題，也有助彼此的溝通、親密關係的交流。

已經是讀書會忠實聽眾的蔡亮心，原本擔憂在美國父親的身體狀況，聽過《信念的力量》一書分享，領悟了「愈憂慮，愈引起壞事發生」的觀念，心思因此轉向正念、相信與祝福，「我真的相信他們的選書，每一本都蘊藏了寶藏，都能為人生開啟正向的改變。」

複製讀書會的經驗

喬大文化基金會成立的宗旨是：「全民閱讀，快樂幸福」。

如果說郭國榮是掌管大方向、充分授權的領導人，基金會執行長廖惟亭就是將夢想步步落實的執行者，她把郭國榮腦中所勾勒的全民閱讀美好藍圖，逐一實現。

「我們期待有更多像喬大一樣的企業共襄盛舉，從二〇一一年八月開始，基金會積極在不同產業複製讀書會經驗。為了推廣閱讀，喬大提供這些願意參與的企業講者名單及贈書，平均下來，一年捐贈的書籍超過七千本，」廖惟亭說。

在金融業，喬大獲得富邦證券總經理程明乾支持與肯定，並推動中高階主管的閱讀。基金會執行長廖惟亭回想，他們從一開始討論怎麼分享閱讀心得時，就充滿創意的火花，輪到上台時，更絞盡腦汁製作精美簡報，還配合角色演出內容。

例如，在「管理要像一部好電影」的讀書會分享中，富邦高層主管以電影《投名狀》來分析如何用會計原則處理企業併購、商場經營的現實；面臨情與利的衝突如何做選擇？那一場，連非專業領域的聽眾都印象深刻，直呼過癮。

同時，為了將閱讀普及到北投每個家庭，喬大選擇與民眾最息息相關的基層單位，如北投區公所、北投分局、士林分局等，協助他們推動內部讀書會，希望透過影響與民眾關係最密切的員警，帶動家戶鄰里的正面思維。

廖惟亭回憶起這個過程：讀書會剛開始時，北投分局長要求警官同仁看書，然後作者蒞臨演講後要抽考、問問題，事後還要寫心得報告，繁忙的工作之外一下多出「好幾件事」，令基層員警備感壓力。但半年後，書中豐富的智慧彷彿有自己的生命般，化解了鐵錚錚漢子們的心防，同仁中開始出現正面的評價，覺得家庭關係改善了、工作更有動力了、吸收了平常很難接觸到的藝文知識……。漸漸地，連警眷也開心地來參加。

像是埋下一顆火苗，漸漸燃起員警們心中閱讀的渴望，一年之後，分局內部主動發起心得分享，自發性在組織內持續閱讀的動能。

另一個推動閱讀有成的是士林分局。士林分局長李德威雖然公務繁忙，但是只要與閱讀相關的活動，一定大力參與，「因為這實在是太有意義的事情了！」

而讀書會的分享主題都非常貼近家庭的需要，比如曾邀請應志遠老師，講述身為父親如何經營家中的親密關係，周介偉老師講述信念的力量如何影響人生，對於身為公僕、辛勞的基層警官，帶來很多觀念上的影響。

維持初衷，專注推動閱讀

喬大文化基金會在讀書會上做出成績之後，很多人慕名而來，希望他們也可以「做點別的推廣項目」。

「太多人賦予期待，希望我們也可以做北投眷村文化、北投耆老文獻……，但這樣反而失焦，因此郭董十分堅持，目標還是純粹一點較好，」廖惟亭解釋。純粹的目標，就是與書本中的知識相遇，那種醍醐灌頂的暢快，「回歸初衷，我們的動機，還是怎樣讓人願意靜下心來，打開、閱讀一本書。」

猶如讀書會的大家長郭國榮經營地產事業，一路走來，從賺錢到回饋社會的反思：「一家企業若把賺錢當唯一目的，只是追求EPS（每股盈餘），員工人文素養卻沒有提升，反而是製造社會問題。」

「相對地，從個人、家庭、公司、團體、社會、國家，如果能養成閱讀的好習慣，發自內心願意閱讀、喜歡閱讀，個人因此有所成長與改變，我們就對國家盡了一份心力與義務，也盡了企業的社會責任，」郭國榮說。

星星之火足以燎原，喬大文化基金會藉由不斷地複製分享、複製感動，持續點燃閱讀的火種，也持續點燃幸福與希望。透過邀請更多企業參與，喬大要預約一個光輝燦爛、全民閱讀的明天。■

國家圖書館出版品預行編目資料

閱讀的力量：改變生命的旅程 /
吳錦勳等採訪撰寫.
-- 第一版. -- 臺北市：遠見天下, 2016. 10
面； 公分. --（社會人文 ; BGB438）
ISBN 978-986-479-100-2（平裝）
1. 閱讀　2. 文集
019.07　105018964

社會人文｜BGB438

閱讀的力量（增訂版）：改變生命的旅程

作者── 吳錦勳、李康莉、李桂芬、李俊明、林宜諄、彭蕙仙、謝其濬
總編輯── 吳佩穎
主編── 李桂芬
責任編輯── 詹于瑤、林妤庭（特約）、李美貞（特約）
封面設計── 周家瑤（特約）

出版者── 遠見天下文化出版股份有限公司
創辦人── 高希均・王力行
遠見・天下文化・事業群 董事長── 高希均
事業群發行人／CEO ── 王力行
天下文化社長── 林天來
天下文化總經理── 林芳燕
國際事務開發部兼版權中心總監── 潘欣
法律顧問── 理律法律事務所陳長文律師
著作權顧問── 魏啟翔律師
社址── 台北市104松江路93巷1號2樓
讀者服務專線──（02）2662-0012　傳真──（02）2662-0007　2662-0009
電子信箱── cwpc@cwgv.com.tw
直接郵撥帳號── 1326703-6號 遠見天下文化出版股份有限公司

製版廠── 東豪印刷事業有限公司
印刷廠── 立龍藝術印刷股份有限公司
裝訂廠── 聿成裝訂股份有限公司
登記證── 局版台業字第2517號
總經銷── 大和書報圖書股份有限公司　電話──（02）8990-2588
出版日期── 2021年10月06日第一版第5次印行

定價── 380元
ISBN ── 978-986-479-100-2
書號── BGB438

天下文化官網　bookzone.cwgv.com.tw